字解日本

乡土料理

[日] 茂吕美耶 著

当代中国出版社
Contemporary China Publishing House

版权合同登记号 图字：01-2021-6499

图书在版编目(CIP)数据

字解日本.乡土料理 / (日) 茂吕美耶著. -- 北京 :
当代中国出版社, 2022.3
ISBN 978-7-5154-1149-1

Ⅰ.①字… Ⅱ.①茂… Ⅲ.①日本—概况②饮食—文化—日本 Ⅳ.① K931.3 ② TS971.203.13

中国版本图书馆 CIP 数据核字(2021)第 225526 号

出 版 人　冀祥德
责任编辑　焦晓萍
责任校对　贾云华
印刷监制　刘艳平
封扉设计　卿　松［八月之光］
出版发行　当代中国出版社
地　　址　北京市地安门西大街旌勇里 8 号
网　　址　http://www.ddzg.net　邮箱：ddzgcbs@sina.com
邮政编码　100009
编 辑 部　(010) 66572264　66572154　66572132　66572180
市 场 部　(010) 66572281　66572161　66572157　83221785
印　　刷　北京中科印刷有限公司
开　　本　880 毫米 × 1230 毫米　1/32
印　　张　7.75 印张　1 插页　插图 142 幅　165 千字
版　　次　2022 年 3 月第 1 版
印　　次　2022 年 3 月第 1 次印刷
定　　价　50.00 元

目录

Contents

关东地方（Kantou-Chihou）

中部地方（Chuubu-Chihou）

近畿地方（Kinki-Chihou）

中国地方（Chuugoku-Chihou）

四　国（Shikoku）

九州・冲绳（Kyuushuu・Okinawa）

前　言

乡土料理是具有浓厚地方色彩的传统料理，采用当地食材，顺应当地的风土人情、历史文化，以当地的独特调理方式做出，并在最适宜的季节或特殊节日上桌。由于乡土料理是代代相传的家庭口味，在往昔交通工具不发达的时代，离乡背井的人在外地很难吃得到故乡的料理。而如今流通渠道五花八门，日本近年来又很流行产地直销方式，缩短了生产者与消费者之间的距离，因此素来只有当地人知晓的乡土料理便逐渐受到瞩目。

日本农林水产省于 2007 年 12 月，根据各都、道、府、县厅的推荐目录与全民网络投票结果，从将近 1700 道候选料理中，选定 99 道各县具有代表性的乡土料理，命名为“农山渔村乡土料理百选”。

名为“百选”，实际上只有 99 道料理，目的是想让每个国民补上自己心目中最怀念的第 100 道家乡菜。此外，除了真正的乡土料理，还让当地居民选出 23 道“想推荐给外地人的本地人气料理”。大抵说来，本地人气料理都是闻名全日本的佳肴或小吃，而乡土料理目录中则有不少外地人从未听闻或吃过的珍馐，非常有趣。

本书除了介绍上述料理之外，也漫然聊些有关料理的妙闻韵事。以料理来比喻，这些小故事等同主菜前的冷盘或饭后的咖啡、甜点，希望能博得各位读者的小小掌声。偶尔也描述日本某些县的县民性，并根据日本总务省、农林水产省、厚生劳动省、内阁府、警察厅等中央省厅所统计的数字结果，摘录一些有趣的杂学知识，让大家能进一步了解日本大和民族的国民性。所谓“县民性”，并非单指该县人的笼统思想观念和气质，还包括饮食、消费倾向以及存款金额等科学性的具体统计数字。当地的地形、气候、历史、人口、产业、教育方式……均是形成县民性的因素之一，但县民性亦不能代表该县每个人均具有此特质，而是在统计数字上占大多数而已。

此外，县民性的地域范围也并非纯指户籍上登记的出生地，例如，我的籍贯是日本埼玉县，但我实际出生成长于中国台湾省高雄市，就县民性来说，我应该具有台湾南部人的气质。再比如有些人出生在东京，却在上幼儿园之前便全家搬到京都，他们小学、中学都在京都度过，如此一来，即便他们的籍贯是东京，他们的县民性也应列入“京都人”项目中。总之，在沿海城市成长的人与在内陆深山成长的人，思想观念和个性会有差异是可想而知的事实。

在日本，有关县民性的最初著述是《人国记》，作者与成书年代均不详，但估计在公元1500年之前便有了。此书是16世纪日本战国大名武田信玄爱读的书之一。毕竟，了解邻国风土、人情、国民气质与个性，是身为一国之主应尽的职责。江户时代地志学者关祖衡（Seki-Sokou）又附上地图、解说，改编为《新人国记》。这类书籍在现代日本通常成为企业商品营销的参考资料。例如摩托车，倘若送到一年中有将近半年都是雪天的北海道，会很难卖出去，所以北海道的摩托车普及率只占8%；

但在铁路网不发达的四国则可以成为抢手货，四国气候温暖，县民个性开朗，比较喜欢开放式的摩托车，也因此摩托车普及率居日本首位，约占40%。

「北海道」

（Hokkaidou）

北海道（ほっかいどう / Hokkaidou）

人口约 525 万人[1]

北海道面积占日本国土总面积的 20% 以上，西临日本海，东南濒太平洋，东北滨鄂霍次克海。除了三面环海，道内另有石狩（Ishikari）平原、十胜（Tokachi）平原等平原，以及 13 个一级水系、48 个湖沼，农渔牧发达，粮食自给率达 200% 以上，可以说是日本的粮食宝库。渔获量占全日本的 1/4，马铃薯产量占全日本八成，小麦产量占六成，是日本粮食的一大支柱。

"道"是行政单位，日本有一都、一道、二府、四十三县，北海道道厅（Douchou）所在地是札幌市（Sapporoshi），与中国辽宁省沈阳市是友好城市。北海道有许多地名发音均音译自原住民阿伊努（Ainu）人的方言，例如，札幌的"幌"，意思是"广大"，"札幌"是"干燥大地"之意；"稚内"（Wakkanai）的"内"代表河川、山谷、沼泽；"登别"（Noboribetsu）、"纹别"（Monbetsu）的"别"均意谓河川。在北海道土生土长的人被称

乡土料理：

成吉思汗烤肉（ジンギスカン / Jingisukan）、石狩锅（石狩鍋 / Ishikarinabe）、铁板鲑鱼（ちゃんちゃん焼き / Chanchan-Yaki）。

---

① 书中各县人口数据为日本总务省统计局 2019 年底推定数。——编者注

为“道产子”（Dosanko），北海道所产的马也被称为“道产子”。

本地人气料理：

海胆鲑鱼卵盖饭（ウニ&イクラ丼 / Uni & Ikura-Don）、汤咖喱（スープカレー / Su-Pukare-）。

“Jingisukan”写成汉字是“成吉思汗”，但这道料理的发源地是北海道，与蒙古民族毫无关系。制作方式是在一种状如帽子的特制铁锅上，放置蘸了调味酱汁的羊肉片和各种蔬菜边烤边吃。“石狩鍋”（石狩锅）是石狩川渔夫在捕获鲑鱼时，为打发等待捞网的无聊时间而发明出来的火锅料理。做法是将整条鲑鱼切成大块，与当地产的蔬菜、马铃薯、豆腐等一起用昆布高汤炖煮，用味噌调味。

➢ 成吉思汗烤肉（**ジンギスカン** / Jingisukan）

➤ 石狩锅（石狩鍋／Ishikarinabe）

"Chanchan-Yaki"也是鲑鱼料理，但不是火锅，而是用铁板干蒸。做法是先在铁板上涂上奶油，中央搁撒了盐、胡椒的半条鲑鱼，四周放各种各样的蔬菜，最后浇上以酒调好的白味噌，再盖上铝箔纸蒸熟。吃时用筷子把鲑鱼肉和蔬菜搅和在一起，直接从铁板上夹菜。这也是著名的渔夫料理之一。

作为本地人气料理的"Uni&Ikura-Don"则是盖饭。米饭上半边是口感黏糊的海胆，另外半边是类似西米珍珠的晶莹腌渍鲑鱼子，鲑鱼子颜色鲜艳，在观光客之间非常吃香。"Su-Pukare-"是汤咖喱，一般日式咖喱均很浓稠，类似羹，通常直接拌饭吃。但北海道的汤咖喱则是单独的一道汤菜，米饭另外盛在碗内；其特色是搭配多种食材，食材均切得很大，而且肉类都炖得很软。

➤ 铁板鲑鱼（ちゃんちゃん焼き / Chanchan-Yaki）

＊＊＊

日本有两个城市自称日式咖喱的发祥地，一个是北海道札幌市，另一个是神奈川县横须贺市，这两个城市的各个商店街自治会均积极地向日本全国宣扬本地咖喱。大部分日本人都知道英式咖喱是由日本海军广传至全国各地，明治二十一年（1888 年），海军“五等厨夫教育规则”中便有“咖喱饭制法”这条项目。神奈川县的咖喱饭正是传承了往昔的制法。札幌市

➤ 海胆鲑鱼卵盖饭（**ウニ＆イクラ丼**／Uni & Ikura-Don）

➤ 汤咖喱（**スープカレー**／Su-Pukare-）

则主张札幌农业学校（北海道大学）的首任副校长克拉克博士（William Smith Clark，1826—1886），于明治九年（1876 年）草拟的校规中已有一条“学生不准食用米饭，只可进食面包，但咖喱饭例外”规则。不过，真相如何则不得而知，毕竟克拉克博士只在札幌待了 8 个月而已。

而根据史料，以岩仓具视（Iwakura-Tomomi，1825—1883）公卿为团长的欧洲使节团，于明治四年（1871 年）进行环游欧美诸国时，归途曾在锡兰（今斯里兰卡）吃过咖喱饭，同行者之一留下“用手搅拌吃食”的手记。第二年，日本便出版了两种西洋料理指南书，其中有一道料理正是咖喱饭。无论日式咖喱的发祥地是札幌还是横须贺，总之，咖喱在明治时代末期已成为日本大众食堂的常见料理，到了大正时代，加入洋葱、马铃薯、胡萝卜的日式咖喱才逐渐登上上流阶层家庭的餐桌。

夏目漱石（Natsume-Souseki，1867—1916）于明治三十三年（1900 年）搭船前往英国伦敦留学时，途中也在锡兰吃了咖喱饭。八年后，夏目漱石在朝日新闻连载长篇小说《三四郎》时，特地在小说中让三四郎吃了咖喱饭。不过真正让咖喱成为日本大众料理的人物应该是阪急电铁、阪急百货店、宝冢歌剧团等阪急阪神控股集团创业者小林一三（Kobayashi-Ichizou，1873—1957）。他在昭和四年（1929 年），阪急百货店于大阪北区开张时，店内大食堂的招牌菜正是咖喱饭，当时的价格是十钱，其他零点菜单均为三十钱。消费者为了吃这道廉价的招牌菜而大排长龙。

「东北地方」

（Touhoku-Chihou）

青森县（あおもりけん / Aomoriken）

人口约 125 万人

青森县位于日本本州岛最北部，三面环海，南侧紧邻岩手县、秋田县，当地使用的方言至少有三种以上，县厅（Kenchou）所在地青森市（Aomorishi）与中国辽宁省大连市是友好城市。县内盛产苹果，产量约占日本全国苹果总产量的半数，居日本第一；全县总面积中有 70% 是森林，为日本三大美林之一。跨越青森县西南部及秋田县西北部的原生林“白神山地”（Shirakami-Sanchi），则为世界自然遗产之一，但此地并非观光区，由于未经人为砍伐破坏，核心区域没有任何山路，也未铺设道路。青森县最有名的祭典是 8 月初的“ねぶた祭り”（Nebutamatsuri），参与祭典的壮汉口中齐声吆喝，拉着各式各样的模型大拉车在街上游行，场面非常壮观。此外，青森、岩手、宫城、福岛四县，古名合称“陆奥”（Mutsu），简称“奥州”（Oushuu）。

乡土料理：

海胆鲍鱼清汤（いちご煮 / Ichigoni）、煎饼汁（せんべい汁 / Senbeijiru）。

“Ichigoni”中文可译为“莓煮”，这并非用草莓煮成的食物，而是用海胆、鲍鱼片煮成的清汤，调味料是盐和些许酱油。煮

➢ 海胆鲍鱼清汤（いちご煮 / Ichigoni）

成的清汤带乳白色，汤内的红色海胆看似映在朝霭中的野草莓，因此取名“莓煮”。通常盛在带盖子的漆器小碗里，吃时打开盖子会有一股海潮味扑鼻而来，味道鲜美。“煎饼汁”是一种火锅，在鸡汤内放入牛蒡、菇类、葱等，再放火锅专用的“南部煎饼”（Nanbu-Senbei），煮成后，渗入汤汁的煎饼嚼头十足，类似用面粉和水煮成的面团。南部煎饼以“八户（Hachinohe）煎饼”最有名。

* * *

日本有个传说，谓“煎饼”（Senbei /米果，别名仙贝）的

▶ 煎饼汁（せんべい汁／Senbeijiru）

▶ 八户煎饼（八戸せんべい／Hachinohe-Senbeii）

制法是由空海（Kuukai，774—835）自唐朝带回日本，再传授给一位名为和三郎的人，让他将煎饼流传至日本。此说法完全是胡说八道。“和三郎”这种名字在平安时代初期根本不可能出现，这是江户时代常见的名字。又有另一种说法，谓战国时代茶人千利休（Sen-Rikyuu，1522—1591）有位弟子名幸兵卫，他用面粉加砂糖制成米果，再取千利休名字中的“千”字，取名为“千幸兵卫”，因此“千兵卫”（Senbei）发音才成为现今日语煎饼的发音。但这也是一派胡言，不知是谁先信口开河。

中国古书《荆楚岁时记》中《正月》一文记载：“正月七日为人日……北人此日食煎饼，于庭中作之……”《荆楚岁时记》是南北朝时期的书，记载荆楚之间自元旦到除夕的节令风俗。而南朝是6世纪，这可能是有关“煎饼”的最早记录。日本的最早记录则为“但马国正税账”，但马国位于兵库县北部，“正税账”并非税金出纳记录，而是记载官厅年间收支以及当时的仪式内容与物品、物价等，算是一种公文。

目前奈良东大寺大佛殿正仓院（Shousouin）保存着24份公文，其中之一的“但马国正税账”是737年的记录，里面首次出现“煎饼”一词。而空海生于774年，这表示日本在空海诞生之前便有煎饼这种吃食了。此外，天正十九年（1591年）著作的《利休百会记》中，记载丰臣秀吉出席的茶会中，点心正是煎饼。既然茶会点心是煎饼，也表示不可能是幸兵卫发明的。

江户时代元禄三年（1690年）出版的《人伦训蒙图汇》中，提及京都六条有位煎饼名人，他做的煎饼是六条名产，并附上用筷子夹煎饼直接在火上烤的制法图。这大概是日本现存最古老的煎饼图。而天明七年（1778 年）出版的《江户町中食物重宝记》，则介绍了 30 余家煎饼铺和各式各样的煎饼。可见煎饼在那个时期已成为庶民的普遍点心。现代日本这种用米制成的“米果”，其实是在明治时代以后才广为流传，幕府末期之前都用面粉，那才是名副其实的“煎饼”。

岩手县（いわてけん / Iwateken）

人口约 123 万人

岩手县总面积居日本第二位，在地图上位于青森县下方右侧，东临太平洋，盛产贝类、海藻，鲍鱼和裙带菜的产量居日本第一，其他如龙胆、短角牛、木炭、生漆等产量均居日本首位，县厅所在地为盛冈市（Moriokashi）。日本民俗学之父柳田国男（Yanagita-Kunio）所著的民间妖怪传说名作《远野物语》（Toono-Monogatari），背景正是岩手县远野市；而诗人、童话作家宫泽贤治（Miyazawa-Kenji）的故乡是岩手县花卷市（Hanamakishi）；现代小说家高桥克彦（Takahashi-Katsuhiko）也是岩手县人，目前住在盛冈市。

乡土料理：

碗口荞麦面（わんこそば / Wanko-Soba）、米果汁（ひっつみ / Hittsumi）。

本地人气料理：

盛冈冷面（盛岡冷麺 / Morioka-Reimen）、盛冈炸酱面（盛岡じゃじゃ麺 / Morioka-Jajamen）。

“Wanko-Soba”是一碗只盛一小口荞麦面的传统乡土料理，吃法极为独特。食客身边会站着一位服务员，每当食客吃完一

➢ **碗口荞麦面（わんこそば**／Wanko-Soba）

碗，服务员会马上向碗内倒入另一碗面。由于倒面速度非常快，食客通常直接把面吞下去，据说成人男子平均可以吃 60 碗。每年 2 月、3 月分别在花卷市、盛冈市举行竞赛大会，而每年 11 月则在盛冈市举行全国大赛。至今为止，限定时间 15 分钟的全国大赛最高纪录是 451 碗（男子）、340 碗（女子）。

“Hittsumi”是方言，说穿了就是用面粉和水后撕成块状煮成的“水团”（Suiton），食材是鸡肉，调味料是酱油。本地人气料理的盛冈冷面和炸酱面均为闻名全日本的面类。冷面面条与意大利面类似，很有嚼头，其特色是上面加西瓜、苹果之类的水果；炸酱面的面条则为扁条乌冬面。

▷ 米果汁（ひっつみ / Hittsumi）

➢ 盛冈冷面（盛岡冷麺／Morioka-Reimen）

➢ 盛冈炸酱面（盛岡じゃじゃ麺／Morioka-Jajamen）

＊＊＊

高桥克彦于 1995 年设立的“盛冈文士剧”（Morioka-Bunshigeki）非常有名，每年 12 月初召集作家、文艺界名人，分为两班，在盛冈市盛冈剧场演出现代剧、时代剧各一场。通常 10 月初开始售票，只是很快就会被抢购一空，一般外地人很难买到票。由于演员均为非专业演员，据说这些文艺界大作家往往会忘了台词，甚至在台上即兴穿插台词，而且因台词尽可能用岩手县方言，常惹得满堂爆笑。

宫泽贤治过世后始被人发现的诗，亦是他的代表诗作《不畏风雨》:

不怕雨
不怕风
不怕大雪不怕夏日
身子结实骨子硬
没有欲望
绝不生气
脸上总是恬静笑着

一天四合糙米淡饭
几匙豆酱少许粗菜
事事不动心不动容
事事要耳闻要目睹
然后刻印在我心中

在那原野松林深处
盖栋我栖身小茅屋

村东若有病痛小儿
让我细心去照顾
村西若有疲累大妈
我去帮她背稻谷
村南若有临终老辈
赶去叫他不要怕
村北若有争执口角
我去劝说无聊啊

大旱时节我泪眼汪汪
冷夏之季我焦虑不安

大家骂我是大傻瓜
虽然没人夸奖赞扬
但也没人会伤脑筋
我
正是想当这种人

宫泽贤治生于1896年，卒于1933年，终身未娶，享年37岁。他虽然留下许多口碑载道的童话作品，但生前只得过刊载于《爱国妇人》杂志的一篇童话《渡雪》五日元稿费而已，他的作品均为他过世后才结集成书的。世人对他的印象是“晴耕雨读素食诗人童话作家”，不过，或许因为出生于富裕家庭，年轻时的他亦曾追求时髦，走在时代前端，不但制作了被命名为“电气葡萄酒”的怪酒（其实就是在烧酒中混入黑豆汁、酒石酸、柠檬酸、砂糖、蜂蜜、葡萄酯等化合物制成的鸡尾酒），也曾学过世界语（Esperanto）、大提琴，更策划过人造宝石事业。

他任职于花卷农业高校时，时常带学生到市内吃天麸罗荞麦面，喝在当时被视为高级饮料的汽水。他也爱吃西式全餐，晚年才实践清贫素食主义。据说某天宫泽贤治的好友去找他时，他特地做了一道“山珍海味”给好友吃，让好友赞叹不已。这道菜非常简单，只是把甘蓝跟咸鲑鱼加水一起煮熟而已。最后宫泽贤治还将鱼骨丢到院子里，说那是款待老鼠的美食。当时的宫泽贤治已辞去教师职位，免费教导农民如何施肥并推广农民艺术理论，不但没有固定收入，也拒绝所有农民或老家的经济援助，家中一贫如洗。没钱买茶叶时，就在盛井水的玻璃杯中放入几根松叶当松叶茶喝。我曾试过宫泽贤治发明的那道“甘蓝咸鲑鱼”，甘蓝本身的甜味配上咸鲑鱼的咸味，味道确实清淡又好吃。

此外，宫泽贤治生前很喜欢吃番茄。他的童话作品中有篇《黄色番茄》，叙述了一对孤儿兄妹在果园中种了十株番茄，其中五株长出了鲜红的大番茄，另五株长出了樱桃般大小的迷你番茄。这五株迷你番茄中有一株长出了金光闪闪的黄番茄。恰好那时镇上来了个马戏团，进帐篷观看必须交碎银或碎金，小兄妹俩没有碎银碎金，便用果园的四个黄番茄当门票，结果惨遭一顿唾骂并被赶走。据说这篇童话中的番茄是宫泽贤治实际栽培的品种，而童话是于 1923 年前后写成的，当时食用番茄在日本还未普及，一般都将其当作观赏植物，第二次世界大战后才逐渐登上日本人的餐桌。也就是说，在食用番茄普及日本社会的 20 多年前，宫泽贤治便在作品中写出迷你黄番茄品种，令人不得不佩服他的先见。况且当时的日本人吃番茄时习惯蘸糖，宫泽贤治则坚持番茄必须蘸盐才好吃，如今日本人吃番茄时都撒盐或蘸美乃滋、沙拉酱，倘若宫泽贤治地下有知，不知他会作何感想？

宫城县（みやぎけん / Miyagiken）

人口约 231 万人

宫城县在地图中位于岩手县下方，东临太平洋，西接奥羽山脉（Ouu-Sanmyaku），县内有山、海、河、平原、丘陵、盆地、半岛、孤岛，自然资源丰富，亦有日本著名三景之一的松岛（Matsushima）。松岛包括松岛湾内的海湾及 260 多个小岛，蓝天、碧海、白浪、青松，风景秀丽，别有洞天。县厅所在地仙台市（Sendaishi）是中国文豪鲁迅留学之地，与中国吉林省长春市是友好城市。日本小说家伊坂幸太郎（Isaka-Koutarou）虽是千叶县人，但目前住在仙台市，他有部小说名为《家鸭与野鸭的投币式寄物柜》，其故事背景正是仙台市。由于原著的时空跳来跳去，我本来以为不可能拍成电影，岂知中村义洋（Nakamura-Yoshihiro）导演在电影中将此问题处理得非常好，令人拍案叫绝。

乡土料理：

毛豆裹年糕（ずんだ餅 / Zundamochi）、鲑鱼子饭（はらこ飯 / Harakomeshi）。

本地人气料理：

牛舌烧（牛タン焼き / Gyutanyaki）。

毛豆裹年糕（Zundamochi）是用捣碎的毛豆裹到年糕上的甜

点，颜色碧绿，可以令人还未入口便先开胃。“Harakomeshi”是先用酱油、味淋、砂糖把切成生鱼片大小的鲑鱼煮熟，再用煮出的汤汁汆烫鲑鱼子，之后稀释汤汁跟白米一起煮成熟饭，最后在米饭上盛放鲑鱼片和鲑鱼子，这是盛冈车站最有名的铁路便当。

至于本地人气料理牛舌烧（Gyutanyaki），则有各式各样的调味方法，如盐烤、红烧、熏制、腌渍、炖煮，等等，冬季还有牛舌涮涮锅。

▶ 毛豆裹年糕（ずんだ餅／Zundamochi）

➢ 鲑鱼子饭（はらこ飯／Harakomeshi）

➢ 牛舌烧（牛タン焼き／Gyutanyaki）

＊＊＊

提到仙台，我首先想到的日本历史名人——战国时代大名伊达政宗（Date-Masamune，1567—1636），他因幼时罹患天花而右眼失明，通称“独眼龙政宗”。在日本战国历史迷的眼中，伊达政宗是位生不逢时的人物，倘若他早出生 30 年，或许可以成就织田信长（Oda-Nobunaga，1534—1582）般统一日本的霸业。

伊达政宗亦是著名的美食家。他的兴趣是亲自下厨招待客人。据说宫城县的乡土料理毛豆裹年糕也是他发明的甜点。他留下一句形容佳肴的名言：“所谓佳肴，即主人亲自下厨，若无其事地端出时鲜菜款待客人之意。”又主张：“请客人到家里吃饭时，应当实行一道豪华料理主义，并且要自信满满地向客人说明，这道料理是今日我所做的料理中，最美味的一道。如果不向客人说明，默默地让客人不知所以然地进食，反倒会令主客双方都扫兴万分。”我觉得他这句话很有道理，倘若我是客人，下厨的主人在饭桌前滔滔不绝地向我说明哪道菜是他今日的拿手菜，那我在吃那道菜时，一定会比吃其他料理时更用心，并顺便请教做法或秘方，如此，饭桌上的场面或话题肯定会更热闹，主客谈笑间也忘了时光的流逝。

仙台最有名的观光土产食品是竹叶状的“笹蒲鉾”（Sasa-kamaboko），即竹叶鱼板，此鱼板的形状、名称均取自伊达家家纹之一的竹雀家纹。伊达家的竹雀家纹图形是中央有两只麻雀，四周用竹叶围成圆形。外县人通常直接将其当下酒菜吃，但宫城县人习惯用姜、酱油、味淋、酒、砂糖等将其红烧成“时雨煮”（Shigureni）；或混入甘蓝丝，再用番茄酱、酱油、沙拉酱等调味料凉拌；最奢侈的做法是先把海胆和蛋黄搅拌在一起，再涂在鱼板上，最后放到铁丝网上烤。

关于鲑鱼子饭，当地还有个民间故事。往昔有个男人救了一条鲑鱼，那条鲑鱼于日后化身为女子出现在村落。她用自己的鲑鱼子做出许多美食，令村民赞不绝口。但某天那名女子被识破真面目，女子只得离开村落。她向村民说：“明年十月二十日，我将再度归来。”之后，每年十月二十日，当地总会出现一条巨大鲑鱼率领大群鲑鱼自海洋返回东北地区最大河川、日本排行第四的北上川（Kitakamigawa）产卵。

福岛县（ふくしまけん / Fukushimaken）

人口约 185 万人

福岛县在地图中位于山形县、宫崎县下方，东临太平洋，西接新潟县，总面积位居日本全国第三。中央有排行日本第四位的淡水湖猪苗代湖（Inawashiroko），湖水透明，湖面映照着磐梯山（Bandaisan），因此别名“天镜湖”（Tenkyouko）。县厅所在地是福岛市（Fukushimashi）。我对福岛县印象最深的是幕府末期由会津藩组成的“白虎队”（Byakkotai）哀史。会津藩是德川将军一族，明治维新动乱时与官军对战，激战长达一个月，最终城池陷落于官军掌中。当时会津藩所有武士家 15—17 岁的少年主动组成“白虎队”，总计 343 名，全体手持武士刀或长矛与官军的近代大炮对抗。城池陷落后，幸存的 20 位小武士在战火中逃出城门，据守饭盛山（Iimoriyama）中，最后全体切腹自杀身亡。只有一位被救回来，“白虎队”的存在因此才广为人知。此外还有由年龄 50 岁以上的武家男子组成的玄武队、18—35 岁的朱雀队、36—49 岁的青龙队。

乡土料理：

こづゆ（Koduyu）、山椒腌鲱鱼（にしんの山椒漬け / Nishin-no-Sanshouduke）。

“Koduyu”是一种以干贝为汤头，加入胡萝卜、芋头、蒟蒻、木耳、银杏、豆腐等食材的汤汁料理，调味料是酱油、酒，味道清淡，吃时盛在会津传统工艺品之一的会津漆碗内。往昔是会津藩的武家料理及庶民的喜庆大餐，现在是当地人于元旦、冠婚丧祭时不可或缺的传统乡土料理。“Nishin-no-Sanshouduke”是山椒腌鲱鱼。由于鲱鱼不耐存，北国或山国地区都将去掉头尾的鲱鱼劈开晒干以便流通市场，福岛县人正是把这种鲱鱼干与山椒叶交互重叠，再以酱油、酒、味淋、醋、砂糖腌渍成可以长期保鲜的储存食品。

▶ こづゆ / Koduyu

➤ 山椒腌鲱鱼（にしんの山椒漬け／Nishin-no-Sanshouduke）

＊＊＊

无论哪个国家或民族，只要是正常的社会成员，或多或少都必须与人交往，而与人交往就经常需要花钱。应酬越多，每个月的交际费也就越多，日本最喜欢交际的人正是福岛县人。根据统计，全国各家庭的每月平均交际费大致是 16000 日元，但福岛县家庭每月的交际费却是全国平均数字的 1.4 倍，约为 22000 日元，居日本全国首位。但这并不代表福岛县人对外县人很亲切，相反，外县人因工作关系被调到福岛县时，首先会因为福岛县人的封闭性、保守性、排外性以及当地严酷的气候风土而吃尽苦头；之后会因逐渐领会当地人的深厚人情而动容；

最后要离开福岛县时，又会因依依不舍而落泪，这就是所谓的“会津三泣”谚语的由来。交际费居日本全国第一，足以证明会津人很有人情味，喜欢照顾他人。

司马辽太郎曾说过，如果问福岛县人：“你是福岛县人吗？”对方会回你：“不，我是会津人。”可见福岛县人仍保留着各种江户时代传承下来的固有习俗，因此外县人起初很难融入他们的社会。然而一旦被他们接受，他们会视你为亲人，万事关怀备至。外县人对福岛县人的印象是顽固、沉默寡言、不善应酬。这种不善应酬的人，交际费竟然居全国首位，可见他们都把钱花在“自己人”（包括被接受的外县人）身上。另一个统计数据很有趣，福岛县人的储蓄存款中，股票的占有率非常低，居日本全国第 44 位，或许会津人认为炒股是一种投机行为，不屑玩股票吧！此外，福岛县违反交通规则的人数比率也居全国第 44 位，违反交通规则算是轻罪，可见大部分的福岛县人都很老实。

秋田县（あきたけん / Akitaken）

人口约 97 万人

秋田县西临日本海，在地图上位于青森县下方左侧，县内有九成地区被指定为特别“豪雪”（Gousetsu）地带。冬季的日照时间位居日本最低位。或许是因为日照时间少，水质优良，秋田县女子的肤色格外白皙细腻。这里是日本全民公认的美女产地。县内盛产柳杉，特产是日本清酒，县厅所在地为秋田市，与中国甘肃省兰州市是友好城市。根据日本国土交通省的定义，2 月平均积雪深度超过 50 厘米以上的地区为“雪国”（Yukiguni）。若按此定义来看，日本约有 53% 的国土均是雪国，且大部分集中在北海道和日本海沿岸地区。“豪雪”地带的平均积雪深度是 50 厘米以上，特别“豪雪”地带则为 150 厘米以上。

乡土料理：

米棒锅（きりたんぽ鍋 / Kiritanpo-Nabe）、稻庭乌冬面（稲庭うどん / Inaniwa-Udon）。

本地人气料理：

横手炒面（横手焼きそば / Yokote-Yakisoba）。

“Kiritanpo”写成汉字是“切蒲英”。做法是先将米饭捣成年糕状裹在柳杉做的细签上，再用火炭烤熟，最后切成块状放入锅中煮。汤头是鸡汤，食材是土鸡、牛蒡、舞茸（灰树花）、葱、水芹，调味料是酱油或味噌，这是秋田县学校营养午餐的菜谱之一。“Inaniwa-Udon”是稻庭乌冬面。这是一种韧性强、耐咀嚼的扁条面，滑润爽口，夏天可做成凉面，冬天则煮成热面，一年四季都吃得到。本地人气料理是“Yokote-Yakisoba”，即横手炒面，其特色是在炒面上放一个单面煎至半熟的太阳蛋。

➤ 米棒锅（きりたんぽ鍋／Kiritanpo-Nabe）

＊＊＊

日本9世纪平安时代初期的著名女歌人小野小町（Ono-no-Komachi），不但是当时六歌仙中唯一的女子，在日本更是与中

▶ 稻庭乌冬面（稻庭うどん／Inaniwa-Udon）

▶ 横手炒面（横手焼きそば／Yokote-Yakisoba）

国的杨贵妃、埃及艳后并称世界三大美女。虽然现代人无法想象当时的美人条件标准为何，不过从她留下的和歌，可以得知她确实是位具有才藻的女子。生卒年代不详，后人甚至不知道她的身世，只能从各种和歌或传说中推测她应该是宫中女官，出生于秋田县南部汤泽市（Yuzawashi）。

俗话说“自古红颜多薄命”，日本各地有不少描述小野小町后半生因花容尽失，沦为流落街头的老妇的传说。而她确实也留下一首感叹无情岁月的和歌：“绵绵春雨樱花褪，容颜不在忧思中。”然而，事实上在日本根本找不到任何能推测她生前真实形象的史料，大部分有关她的传说均根据一本成书于平安时代中期或末期的《玉造小町子壮衰书》古籍。这是一本以汉诗形式写成的长篇叙事诗作品，类似白居易的《长恨歌》，主要描述平安时代女人的一生。文中没有说明主角是小野小町，但后世日本人均将之视为“小野小町物语”。

原文开头是：“予，行路之次，步道之间，径边途傍，有一女人，容貌憔悴，身体疲瘦，头如霜蓬，肤似冻梨，骨竦筋抗，面黄齿黑，裸形无衣，徒跣无履，声振而不能言，足蹇而不能步……”女人向“予”述说自己的身世，“壮时骄谩最甚，衰日愁叹犹深，龄未及二八之员，名殆兼三千之列”，意思是她在16岁时即三千宠爱在一身。不但“被宠华帐之里，不步外户，被爱珠帘之内，无行傍门”，而且美貌得“不奈杨贵妃之花眼，不屑李夫人（汉武帝宠妃）之莲睫”，睡的是“床铺珊瑚，台镂玛瑙”，吃的是“鹅嗉，熊掌兔脾……鹿髓龙脑，煮鲍煎蚌……”还列出许多连我都看不懂的古代中国的珍馐名称，这段有关饮食的诗文很有趣。

由于诗中出现“熊掌”这道料理，后人在饮食书籍中时常提及小野小町也吃过熊掌这事，但真相如何，我们无法考证。总之，整首诗都在描述平安时代某位美女于年轻时享尽荣华富贵，老来却“肩破衣悬胸，颈坏蓑缠腰，匍匐衢眼，徘徊路头”的惨状。

山形县（やまがたけん / Yamagataken）

人口约 108 万人

山形县除了西北部临日本海，其他三面全环坐高山，县内有三盆地、一平原、四种方言，因此即便同为山形县人，彼此说起各地方言时，简直像鸡同鸭讲，无法沟通。或许正因为语言不通，山形县人的县民意识很低，地域观念则很重，仍存在着地区歧视问题。当地特产是樱桃，尤以中部东根市（Higashineshi）的高级品种"佐藤锦"（Satounishiki）樱桃闻名全日本。东南部的米泽牛则与松阪牛、神户牛并称日本三大和牛。山田洋次（Yamada-Youji）导演的时代剧剑士电影《黄昏清兵卫》《隐剑鬼爪》《武士的一分》，以及泷田洋二郎（Takita-Youjirou）导演的感人电影《入殓师》，拍摄背景均为山形县。县厅所在地山形市（Yamagatashi）与中国吉林省吉林市是友好城市。秋田、山形两县古名合称"出羽"（Dewa），简称"羽州"（Ushuu）。

乡土料理：

芋煮（Imoni）、鱼杂火锅（どんがら汁 / Dongarajiru）。

"芋煮"是将芋头、蒟蒻、葱、牛肉煮成"寿喜烧"（Sukiyaki）风味的火锅。每年 9 月的第一个星期天，山形市会在马见崎川（Mamigasakigawa）举行"日本第一芋煮会节"，左

➢ 芋煮／Imoni

岸广场用直径 6 米的大锅煮 3 万人份的芋煮，右岸则是 5000 人份的猪肉芋煮，观光客或当地居民只要买一碗 300 日元的赞助券，即能在当天去凑热闹现兑现吃。另外，当地自卫队主管的防灾区也会提供免费什锦饭，让游客饱餐一顿。

“Dongarajiru”也是一种火锅，材料是鳕鱼、葱、豆腐，做法是将鳕鱼的鱼头、鱼鳍、肝脏、鱼卵全放进锅内，用味噌调味，有些家庭会加白萝卜和酒糟，这是山形县人于寒冬最爱吃的火锅料理。“Dongara”是方言，指的是鱼肉以外的鱼头、内脏之类。

***

日本儿童在幼儿园、小学、中学学校里吃的营养午餐，日文称为“给食”（Kyuushoku），即供餐，某些高中也会提供“给食”。日本最初实施“给食”制度的地方行政区是山形县鹤冈市（Tsuruokashi）。准确来说，应该是当地的各派佛教团体

➤ 鱼杂火锅（どんがら汁／Dongarajiru）

于明治二十二年（1889 年）协同组成忠爱协会组织，在大督寺（Daitokuji，藩主酒井家历代坟所寺院）境内设立的私立忠爱小学，免费提供午餐给无法带便当来学校的贫困儿童。最初的免费“给食”菜肴是两个饭团、一片烤鱼、些许咸菜，现今鹤冈市的学校于每年 12 月的“给食纪念日”，仍会提供与 120 余年前同样的午餐给学生吃。

之后，由政府补助资金，日本全国大都市的学校也开始实施“给食”制度。第二次世界大战时此制度曾一度中断，战后第二年（1946 年）再度于东京、神奈川、千叶三地试验性地推行“给食”制度。由于广受家长好评，政府于 1954 年终于正式施行《学校给食法》，规定所有公立学校均必须提供营养午餐给学生吃。这时的“给食”主食是面包、脱脂奶，20 世纪 50 年代后期才改为鲜牛奶。70 年代开始又换成以米饭为主的“给食”，面包成为一周仅提供一次的副食品。平成时代，“给食”食谱菜单比以往丰富，不但有饭后甜点和水果，而且更具国际性，连外国料理也上桌了。唯一不变的是套餐托盘上一定会有一瓶或一罐各式各样品牌的鲜牛奶。

不知是不是受“给食”制度的影响，日本人的平均身高在近 50 年增高了 10 厘米。又根据日本文部科学省于 2007 年的调查结果，得知日本 20—24 岁的青年平均身高是 172.26 厘米。不过，倘若跟外国比较，亚洲人仍比西方人矮了一截，经济合作发展组织（Organisation for Economic Co-operation and Development, OECD）于 2009 年公布的“社会指标”（Society At A Glance 2009）资料指出，在北欧、英语圈国家和拉丁美洲等 24 个国家（不包括中国）中，荷兰男子的平均身高最高，是 181.7 厘米，英国男子排第 18 名，美国男子排第 20 名，日本男子排第 23 名，比韩国、葡萄牙、墨西哥男子的身高高。

「关东地方」

(Kantou-Chihou)

枥木县（とちぎけん / Tochigiken）

人口约 193 万人

枥木县位于关东东北部，古名“下野”（Shimotsuke），简称“野州”（Yashuu）。其东、北、西三面环山，南侧连接关东平原，是关东地区面积最大的内陆县。枥木县旅游资源丰富，西北部的日光国立公园，不但有那须火山带、华严瀑布，还有祭祀德川家康的世界文化遗产日光东照宫，以及中禅寺湖、鬼怒川温泉、日光江户村等。由于交通便利，有东北新干线和东北高速公路，通达四面八方，这里是关东人的避暑胜地。枥木县的中国友好省份是浙江省，县厅所在地宇都宫市（Utsunomiyashi）的友好城市是黑龙江省齐齐哈尔市。

乡土料理：

杂烩（しもつかれ / Shimotsukare）、乳茸荞麦面（ちたけそば / Chitake-Soba）。

本地人气料理：

宇都宫饺子（宇都宮餃子 / Utsumiya-Gyouza）。

“Shimotsukare”是枥木县乡土料理的代表之一，由于这是代代相传的家庭料理，每家味道都不同，即便同乡人也不见得能接受别人家的口味。食材是咸鲑鱼鱼头、炒熟的黄豆、萝卜泥、胡萝卜，调味是酒糟。由于看上去不太美观，而且具有独特气味及味道，喜欢它的人很喜欢，无法接纳它的人可能连一口也吃不下。“Chitake”是乳茸，吃起来干巴巴的，撕裂蕈伞会渗出白色乳液，正是此乳液可以做出美味汤头，在日本乳茸

➢ 杂烩（しもつかれ／Shimotsukare） ➢ 乳茸（ちたけ／Chitake）

➢ 乳茸乌冬面（ちたけうどん／Chitake-Udon）

与松茸并列为食用蕈中的极品。把乳茸和茄子一起炒熟，加入日式汤头和酱油、味淋做成面汤，便成为“Chitake-Soba”，译成中文是“乳茸荞麦面”。

至于本地人气料理的宇都宫饺子则闻名全日本，宇都宫市内有 200 多家大大小小的饺子店，有水饺、煎饺、炸饺、汤饺……无所不有，一盘顶多 200 日元，囊空如洗的穷学生们也吃得起。

➢ 宇都宫饺子（宇都宫餃子／Utsumiya-Gyouza）

＊＊＊

日本的饺子传自中国，在中国，饺子主要是北方的民间主食和地方小吃，亦是年节主食。清代诗人袁枚著的《随园食单》便描述："颠不棱，即肉饺也。糊面摊开，裹肉为馅蒸之。其讨好处，全在作馅得法，不过肉嫩、去筋、作料而已。余到广东，吃官镇台颠不棱，甚佳。中用肉皮煨膏为馅，故觉软美。"唐朝段成式《酉阳杂俎》书中也有"笼上牢丸""汤中牢丸"之词，"笼上牢丸"是蒸饺，"汤中牢丸"为水饺。总之，据说饺子在中国已有1800余年的历史。

那么，饺子到底于何时传至日本？据说最初出现于江户时代1778年出版的中国饮食书籍《卓子调烹法》中，其后，1784年出版的《卓子式》中国料理书也介绍了"扁食"一词。然而，饺子在当时无法普及民间，直至明治时代，仍只是东京神田附近有几家饺子馆而已。第二次世界大战后，因食粮不足，一些人开始在路边卖起于中国学会的饺子，一时间，廉价又富含营养的饺子便在民间广泛流传。当时由于猪肉价格昂贵，饺子馅多用羊肉，而为了消除羊肉膻味，人们逐渐习惯在馅内加入韭菜、大蒜。此外，饺子在中国是主食，大多皮厚馅少；日本的主食是米饭，因此做出皮薄馅多的煎饺，以便当菜肴配饭吃。

宇都宫饺子会成为日本最有名的饺子，据说起初是宇都宫出生的军人，"二战"后回老家后，在车站前开了饺子路边摊。1990年，宇都宫市政府的公务员发现日本总务省家计调查统计项目中，宇都宫市的家庭年间饺子消费额居全国第一，于是开始制作市内饺子店指南地图，并设立宇都宫饺子公会，向全国进行宣传。在此之前，栃木县的人气观光地区都集中在日光、那须，宇都宫只是路过点而已，最后由市政府主导的宣传手法奏效，如今日本人只要提到“饺子”，都会联想到宇都宫。附带一提，年间饺子消费额居日本全国第二位的是静冈市，第三位是京都市。

茨城县（いばらきけん / Ibarakiken）

人口约 286 万人

茨城县在地图中位于栃木县右下方，古名“常陆”（Hitachi），简称“常州”（Joushuu）。东临太平洋，坐落于关东平原东北部，南部有水乡筑波（Tsukuba）国立公园，公园内有仅次于琵琶湖的日本第二大湖霞浦湖（霞ヶ浦 / Kasumigaura）和标高 877 米的筑波山（Tsukubasan），亦有历史悠久的神社、寺院。筑波研究学园都市是基于国策而建设的科学工业园区，聚集了约 300 家研究机关与企业，研究员多达 13000 余人，其中拥有博士学位者 5000 多人。我去过筑波研究学园，印象深刻，记得巴士一驶进大门，仿佛闯入欧洲某个城市般，景观与日本其他城市截然不同，既工整又绿意盎然，马路很宽，行人很少，是典型的田园都市。县厅所在地水户市（Mitoshi）有以梅花而著名的日本庭园“偕乐园”（Kairakuen），其与冈山市的“后乐园”（Kourakuen）、金泽市的“兼六园”（Kenrokuen）并称日本三名园。水户市的中国友好城市是重庆市。

乡土料理：

鮟鱇料理（あんこう料理 / Ankou-Ryouri）、水户纳豆（そぼろ納豆 / Soboro-Nattou）。

“Ankou”是鮟鱇鱼，中文别称琵琶鱼、老人鱼等。日本有句习用语：“东鮟鱇，西河豚。”表示关东人特别爱吃鮟鱇料理，关西人则以河豚料理为重。鮟鱇鱼肉紧实，纤维弹性十足，富有胶原蛋白，鮟鱇鱼肝更是天然珍品，有“海底鹅肝”之称。鮟鱇鱼的做法多种多样，但普遍以火锅为主，吃完火锅后，剩下的汤汁再放入米饭中熬成粥，最后淋上打碎的鸡蛋做成蛋花粥，撒上葱花或香菜，非常好吃。

“Soboro-Nattou”是用切碎的纳豆和干萝卜丝搅和在一起，再用酱油调味，可以当下酒菜也可以拌饭吃。纳豆是日本传统黄豆发酵食品，历史已逾千年，黏性很强，营养丰富，在日式早餐中很常见。

➢ 鮟鱇料理（あんこう料理／Ankou-Ryouri）

▶ 水户纳豆（そぼろ納豆 / Soboro-Nattou）

＊＊＊

日本的传统早餐是米饭、纳豆、咸菜、海苔（紫菜）、味噌汤，其中纳豆又以茨城县水户市生产的水户纳豆最有名。关东地区以北的日本人，一提到纳豆，必定会想起黏稠牵丝、可以拌饭的纳豆；但关西人比较不习惯吃这种牵丝纳豆，他们习惯吃另一种干燥的咸纳豆，即中国的豆豉。有关豆豉，中国古籍《汉书》《史记》《齐民要术》《本草纲目》等都有记载，制法大约在日本奈良时代（中国唐代）传入日本。平安时代中期 11 世纪初成书的风俗饮食书籍《新猿乐记》（Shinsarugouki）中便出现了“纳豆”一词，此处记载的纳豆很可能是豆豉。

那么黏稠牵丝纳豆到底于何时、由何人发明的？根据秋田县横手市金泽公园内的“纳豆发祥地”石碑说明，在平安时代后期 1083—1087 年的“后三年之役”（Gosannen-no-Eki）时，农民献出装在稻草包内的煮熟黄豆，搁了几天后，黄豆竟然发酵牵丝，而且散发香味，士兵们试吃后，惊讶其美味，转告农民，当地农民才开始制作牵丝纳豆。简单说来，牵丝纳豆完全是偶然的产物。而 15 世纪成书的《精进鱼类物语》（Shoujin-Gyorui-Monogatari）中，明确出现了用稻草包裹的黏稠牵丝纳豆之描述，如此看来，日本人食用牵丝纳豆的历史已将近千年了。

水户纳豆会成为名牌的原因，在于当地的风土气候。那一带时常遭水灾，农民无法种稻，只能在贫瘠的田地、沙地、山地种植耐水的小粒大豆品种，而且水户的农民辛辛苦苦种植出的小粒大豆，不但无法制作豆腐、味噌，也无法加工成酱油，只能做成牵丝纳豆。由此也可以想象，纳豆本为贫穷农村或山村的重要食品。明治三十八年（1905 年），东京农科大学（东京大学农学部）教授泽村真（Sawamura-Makoto）博士发现了纳豆菌（杆菌），之后大正九年（1919 年），北海道大学的半泽洵（Hanzawa-Jun）博士又开发出改良式纳豆制造法后，纳豆才登上日本人的日常餐桌。

尽管茨城县的纳豆产量位居日本全国第一，纳豆的消费量占全国首位的却是福岛县福岛市，其次才是茨城县水户市，接着依次是青森县青森市、岩手县盛冈市、群马县前桥市；最低位是和歌山县和歌山市，其次是大阪市、高知县高知市、兵库县神户市、冈山县冈山市。看来关西人果然比较不喜欢吃纳豆。

群马县（ぐんまけん / Gunmaken）

人口约 194 万人

群马县位于栃木县左邻，古名“上野”（Kouzuke），简称“上州”（Joushuu）。县内 2/3 的面积为山地，甚至有海拔超过 2000 米的山脉，总人口中有七成左右都集中在紧邻埼玉县的南部，是日本这个海洋国家中少数的 8 个内陆县之一。日本最有名的温泉乡正是位于群马县的草津温泉（Kusatsu-Onsen）和伊香保温泉（Ikaho-Onsen）。群马县虽然属于首都圈，但其县民的政治意识极为保守，别称“保守王国”，是自由民主党的势力中枢，“二战”后产生 4 位首相，仅次于产生 5 位首相的山口县。轰动全日本的电影《永远的三丁目的夕阳》（ALWAYS 三丁目の夕日）拍摄地点就是在群马县馆林市（Tatebayashishi）建设的外景布景中。县厅所在地是前桥市（Maebashishi）。

乡土料理：

煮乌冬面（おっきりこみ / Okkirikomi）、生芋蒟蒻料理（生芋こんにゃく料理 / Namaimo-KonNyaku-Ryouri）。

本地人气料理：

烤馒头（焼きまんじゅう / Yakimanjuu）。

“Okkirikomi”是将烩面与根菜类、芋头煮成浓稠汤头的家庭小吃，调味是味噌或酱油，与山梨县的“Houtou”类似。不过“Houtou”的主要配料是南瓜，“Okkirikomi”则是芋头。

▶ 煮乌冬面（おっきりこみ／Okkirikomi）

▶ 生芋蒟蒻料理（生芋こんにゃく料理／Namaimo-Konnyaku-Ryouri）

“KonNyaku”是蒟蒻，群马县的蒟蒻产量占全日本的九成，自古以来便有各式各样的做法，但一般蒟蒻均用蒟蒻粉制成，群马县的蒟蒻料理是直接用地下球茎制成，弹性、风味、嚼劲均与一般蒟蒻不同。

本地人气料理“Yakimanjuu”是烤馒头。此馒头非一般馒头，而是在面粉内混入浊酒，利用浊酒酒曲使其发酵，再揉成丸子状，串在竹签上，最后蘸用黑糖或饴糖拌味噌的甜作料以火炭烤熟。

➢ 烤馒头（焼きまんじゅう／Yakimanjuu）

＊＊＊

大部分的日本女性都知道蒟蒻是最佳减肥、通便食品之一，而日本的蒟蒻料理方式也五花八门，应有尽有，连蒟蒻果冻都有。蒟蒻的原料是蒟蒻芋，日本在绳文时代（Joumon-Jidai）中期（相当于世界史的中石器时代）便有土生土长的蒟蒻芋，只是当时的人们不知该如何利用蒟蒻芋，直至 6 世纪左右，朝鲜半岛三国时代的百济国人将蒟蒻芋带进日本，日本人才知道蒟蒻芋可以当药材。之后一直自中国进口蒟蒻芋药材，后来才发现日本国内本来就有土生土长的蒟蒻芋。

于江户时代 1695 年刊行的本草书《本朝食鉴》（Honchou-Shokkan）中记载，京都丸山寺的蒟蒻料理最美味，并详细说明了该如何制作蒟蒻，但也记载了蒟蒻并非美食，而是当作治疗糖尿病、肿疮的药材，且呼吁患羊痫风的病患不能吃蒟蒻。《本朝食鉴》原文是中文，有关蒟蒻的记载如下："春生苗，至五月移之。长一二尺，与天南星苗相似。但多斑点，秋开紫花结子。宿根亦生苗，经二年者根大如椀及芋魁。外黑、内白、有理。味戟人咽，亦麻舌。秋后采根，浸水以绳子擦去外黑皮，而洗净细捣碎作饼。以酽灰汁煮十余沸，以水淘洗，换水煮五六遍，成冻子。用时复煮汤四五沸，去恶汁而食。或与早稻草同煮数沸，则作水样，而味佳。京师丸山寺僧造之最称美味。江都以总州锅山之产为佳。又有左仓之产、色黑而略粗。谓初以灰汁煮时入石灰少许，则然。其味亦殊而不足为佳也。气味甘、冷，有小毒。主治消渴、痈肿，然不可多食。若患痫症者可忌之。"

由于当时日本禅寺的和尚经常研究蒟蒻料理的做法，因此日本的蒟蒻料理应该说是由禅寺和尚发展出来的。至于发明出蒟蒻粉的人则为江户时代水户藩（茨城县）农民中岛藤右卫门（Nakajima-Touemon，1745—1825），他在 1776 年发现干燥的蒟蒻芋不会腐烂，于是把蒟蒻芋切成圆片再晒干磨成粉，自此，蒟蒻便成为日本全国性食品之一。由于功绩非常大，藩主才赐予他“中岛”姓氏，并允许他佩刀。当时腰上可以佩刀的庶民，其社会地位同武士阶级的藩士差不多。

我也很喜欢吃关东煮的蒟蒻或蘸甜味噌的蒟蒻，不过，倘若有哆啦 A 梦的道具“翻译蒟蒻”（Honyaku-KonNyaku），食用后可以与不同语言者对话，不知该有多好，那我便可以每天跟我家 5 个猫少爷叽叽咕咕聊个不停了。

埼玉县（さいたまけん / Saitamaken）

人口约 735 万人

埼玉县也是内陆县之一，夹在群马县与东京都之间，往昔与东京、神奈川县东部并称“武藏”（Musashi），简称“武州”（Bushuu），总人口与县内总产值均居日本第五位，人口密度居第四位。由于北部多农地，西部多山，县内河川数居日本第一，因此人口都聚集在紧邻东京的南部。埼玉县四季分明，冬季干燥频吹西北风，夏季多雨闷热如蒸笼，天然的杂树林和溪谷美景很多。宫崎骏（Miyazaki-Hayao）导演的动画电影《龙猫》（Totoro）背景正是我所居住的所泽市（Tokorozawashi），宫崎骏本人也住在所泽市，市内也有日本职棒西武狮队的主球场西武巨蛋。西南部川越市（Kawagoeshi）有“小江户”之称，由于没遭受战祸，市内保留了众多江户时代的建筑物和寺院，年观光客约有 600 万人。

西部秩父（Chichibu）地区有国家指定名胜长瀞（Nagatoro）溪谷、岩叠（Iwadatami）、赤壁，另有与京都祇园祭（Gion-Matsuri）、岐阜县飞驒（Hida）高山祭（Takayama-Matsuri）并称为日本三大美祭的“秩父夜祭”（Chichibu-Yomatsuri）。此外，由于秩父是盆地，日照时间少，皮肤白皙的女子多，向来与“秋田美人”一样通称“秩父美人”。县厅所在地埼玉市（Saitamashi）与中国河南省郑州市是友好城市，我正是由于这层关系，于 1986 年带着两个儿子一起前往郑州大学当了两年特殊留学生。

乡土料理：

凉乌冬面（冷汁うどん / Hiyashiru-Udon）、赤豆馒头（いが饅頭 / Iga-Manjuu）。

本地人气料理：

烤猪头肉串（焼き鳥 / Yakitori）。

“Hiyashiru-Udon”是凉乌冬面，其特色是吃面时蘸的汤汁。一般凉面蘸的是柴鱼酱油，但埼玉县的凉面蘸的是先将芝麻、味噌、少量砂糖用擂钵磨碎，再加入日式汤头，最后放入紫苏丝、黄瓜丝、蘘荷丝等的汤汁，这是埼玉县农家自古以来的传统夏季午餐。“Iga-Manjuu”是一种外层裹赤饭（Sekihan / 红豆饭）的豆沙包甜点。日文的“馒头”通常指豆沙包，而非中国常见的那种白馒头。

➢ 凉乌冬面
（冷汁うどん / Hiyashiru-Udon）

▶ 赤豆馒头
（いが饅頭／Iga-manjuu）

本地人气料理“Yakitori”并非一般的烤鸡肉串，而是烤猪头肉串，蘸的味噌作料中含有10余种香辛料，味道独特，我个人也很喜欢吃这种烤猪头肉串。

＊＊＊

日本最普遍也最具庶民性的面条是“きつねうどん／Kitsune-Udon”（狐乌冬面）和“たぬきそば／Tanuki-Soba”（狸荞麦面）。前者取名“狐”据说是因狐爱吃油炸豆腐皮，而狐乌冬面的配料正是油炸豆腐皮。然而，狸荞麦面的配料是小小的圆圆的天麸罗油渣，这跟狸有何关系？

问题一旦萌生，我就无法安眠，照例向日本谷歌求助。查询结果得知，原来是形容没有料的天麸罗油渣一词“たねぬき／Tanenuki”（无种之意），缩短发音变成“たぬき／Tanuki”，就成为现在的“狸荞麦面”。这完全是发音问题，跟真正的狸毫无关系。有趣的是大阪人的说法，他们认为乌冬面变成灰色的

➤ 烤猪头肉串（焼き鳥／Yakitori）

荞麦面，而狸很会骗人，所以才叫“狸面”。

大阪人之所以如此说，有大阪人的根据。关西人本来就习惯吃乌冬面，而关东人一提到“面”，就必定是荞麦面。因此大阪人口中的“狸面”是油炸豆腐皮的荞麦面，不是关东人爱吃的油渣荞麦面。而同样是关西地域的京都，提起“狸面”，竟然是油炸豆腐皮的勾芡乌冬面。不仅如此，继续查下去，我发现日本各地的“狐面”和“狸面”不但配料不同，连面也不同，真是百花齐放，阿狐阿狸都有。可无论狐面或狸面，我都比较喜欢吃东洋水产公司的名牌“マルちゃん／Maruchan”的“红狐乌冬面”（包装是红色的）。虽是泡面，而我平常又罕少吃泡面，只有“红狐乌冬面”百吃不厌。因为“红狐乌冬面”的面条是扁面条，我向来都比较喜欢吃类似中国烩面的面条。

只是，据说关东地区和关西地区的“红狐乌冬面”，两者味道也不同。关东地区是味道比较浓的酱油味，关西地区则类似清汤。外形包装一样，只是容器侧面的说明有“E”（East）与“W”（West）之分。看来在口味上，德川家康与丰臣家的“关原合战”还没结束。因为这种口味分界点正是“关原”（Sekigahara）。在太平洋这方，三重县以东是“关东味”；在日本海那侧，则是富山县以西为“关西味”。

不过，即便日本各地的“狐面”与“狸面”形形色色，我想，对昔日的日本人来说，狐与狸这两种动物，一定跟现代日本人家中的宠物猫狗一样，不分彼此。实际上，我家附近的杂树林中仍栖息着狸，有几家邻居都亲眼看到过狸出现在他们家院子里，令我羡慕得很。可惜直至今日，狸仍未出现在我家院子。

千叶县（ちばけん / Chibaken）

人口约 626 万人

千叶县的大部分是凸出于太平洋的房总半岛（Bousou-Hantou），三面环海，总人口居日本第六位，但面积比东京都和神奈川县加起来还要大，日本人通称千叶县为“房总”（Bousou）。往昔分为三国，古名各为“上总”（Kazusa）、“下总”（Shimofusa）和“安房”（Awa），前两者简称“总州”（Soushuu），后者简称“房州”（Boushuu）。县内不但有全世界最赚钱的东京迪士尼乐园，另有千年古迹成田山新胜寺（Naritasan-Shinshouji），成田国际机场也在此。幕张（Makuhari）国际展览中心的规模仅次于东京国际展示场，1997 年开通了接合长 9.9 千米的海底隧道和 4.4 千米的高架桥的东京湾横断路（Aqua-Line）后，已可以与神奈川县川崎市（Kawasakishi）直通。县厅所在地千叶市（Chibashi）与中国天津市、江苏省吴江市（今吴江区）是友好城市。

乡土料理：

太卷寿司（太巻き寿司 / Futomakizushi）、盐腌沙丁鱼（イワシのごま漬け / Iwashi-no-Gomaduke）。

千叶县的太卷寿司很特别，用各种配料卷成花草、动物、文字、鸟类等模样，看上去极为华丽，本来只限众多人共聚

➢ 太卷寿司（太巻き寿司／Futomakizushi）

一堂的冠婚丧祭时才送上餐桌，现在已成为县内小学、中学烹饪课必修内容之一。“Iwashi-no-Gomaduke”则是九十九里（Kujuukuri）地区的传统家庭料理，食材是10—20厘米长的沙丁鱼。先将沙丁鱼盐腌后，再放入大量黑芝麻、姜、香橙、辣椒，浸于食醋中，两三天后即可上桌。这道小菜在其他县市的超市也很常见，适合当下酒菜。

***

房总有三大著名食品：酱油、米果、落花生。酱油的起源到底是中国还是日本，长久以来，两国的学者似乎各有见

➤ 盐腌沙丁鱼（イワシのごま漬け／Iwashi-no-Gomaduke）

解，意见不一，有人认为酱油制法是随鉴真（688—763）东渡传入日本的，有人则坚持酱油起源于日本，后随遣唐使传入中国。[①] 根据我个人的考察结果，目前只知道中国历史上最早使用“酱油”一词的是南宋（1127—1279）食谱《山家清供》，而日本有关“酱”的最早记录则为 8 世纪初制定的《大宝律令》（Taihou-Ritsuryou），其中记载了酱院制度，并说明酱是高级官吏的俸禄之一。8 世纪的奈良时代，光是在出土的木简中便记载了 14 种酱制法，而且有“市酱”这个词，在平城京内似乎很普及。不过，当时的“酱”到底是酱油还是其他酱，则不得而

① 酱油起源于中国汉朝，起初称“清酱”。公元 753 年鉴真东渡，将制酱技术传至日本。——编者注

知。总之，成书于6世纪中叶的中国古农书《齐民要术》中已记载了类似现代酱油的制法，而日本是在10世纪初的《延喜式》（Engishiki）中有用大豆制作酱油的记载，至于日本最早出现“酱油”这个名称的古籍则为16世纪初刊行的国语辞典《节用集》（Setsuyoushuu）。

千叶县会成为酱油名产地，在于德川家康成立江户幕府不久的1616年，千叶县铫子市（Choushishi）富农田中玄蕃（Tanaka-Genba）开创了酱油酿造厂，接着同市的滨口仪兵卫（Hamaguchi-Gihee）也于1645年开办酱油酿造厂，之后，前者改名为现代的名牌酱油“Higeta”，后者则为“Yamasa”。目前这两家酱油厂商的继承者均为滨口家子孙。另一家设立于1917年的日本名牌酱油厂商“Kikkoman”，总社在千叶县野田市（Nodashi），虽是后起之秀，但其日本市场占有率达30%，全世界市场占有率更高达50%，尤其在美国非常有名，全美市场占有率达55%，大部分美国人都将“Kikkoman”视为“Japanese Soy Sauce”的代名词。

房总米果会成为名牌的原因在于千叶县有创建于940年的真言密教大本山成田山新胜寺，简称“成田山”，参拜者都会买当地的米果回家当土产。又根据日本总务省的统计，千叶县人的年间米果消费量居日本全国第一，其次是茨城县、栃木县、岩手县。落花生产地则以北部的八街市（Yachimatashi）最有名，产量居全日本第一。

东京都（とうきょうと / Toukyouto）

人口约 1392 万人

东京都总面积不大，仅有 2187 平方千米，居日本倒数第三位，都内有二十三区、二十六市、五町、八村，人口密度居日本第一。狭义上的日本首都“东京”指的是东部二十三区，俗称“都内”（Tonai），面积约 621 平方千米，实际居民约 900 万人，若把来自千叶、埼玉、神奈川三县的周边城市上班族也算进去，白天人口会增至 1100 多万人，是全球最富有的国际大都市之一，亦是亚洲金融、贸易中心，与中国北京市是友好城市。东京也是日本的教育文化中心，有 190 所以上的大学，100 多座博物馆。西部多摩（Tama）地区则为自然宝库，有茂密的森林和山峰溪谷，景色优美，另有众多岛屿。

乡土料理：

深川丼（Fukagawadon）、鱼干（くさや / Kusaya）。

本地人气料理：

文字烧（もんじゃ焼き / Monjayaki）。

“深川丼”是用蛤仔、文蛤等贝类，加入油豆腐、葱、胡萝卜等煮成味噌汤后，直接浇在白米饭上的盖饭。本来是江户时代深川地区渔夫发明的现煮现吃的速成料理，深受当时的庶民

▷ 深川丼（Fukagawadon）

▷ 鱼干（くさや／Kusaya）

▶ 文字烧
（もんじゃ焼き／Monjayaki）

喜爱。另一种是以同样食材和白米一起入锅煮熟的“深川饭”，但两者在现代已无区别，通称“深川丼”。

“Kusaya”是鱼干，已有400多年历史，是东京都新岛村（Niijimamura）的特产。新岛村位于东京南部160千米远的太平洋海面，由2座有人岛和3座无人岛组成，目前人口仅有3000人左右。由于江户时代的岛民缴纳给幕府的贡赋是盐，对岛民来说，盐是珍贵的调味料，于是岛民只得反复使用腌渍鲜鱼后的残余盐水，如此鱼肉成分便会累积在木桶的盐水中，加上微生物的作用，最后发酵为类似鱼露的酱液。烤鱼干时，会发出独特的强烈臭味，这跟中国的臭豆腐或东南亚的榴梿一样，有人很喜欢，有人却受不了那种味道。

本地人气料理则为文字烧（Monjayaki），这是江户人发明出的小吃，以前只是把和水的面粉搁在铁板上边画圈圈边烤边吃，现在通常会加入碎甘蓝、葱花和其他调味料，特色是水分很多。

* * *

东京是日本天皇皇居所在地，皇居位于千代田区，皇太子居所东宫御所（Touguu-Gosho）则位于港区元赤坂二丁目。元赤坂二丁目是皇室专用占地，称为“赤坂御用地”，除了东宫御所，另有皇太子的弟弟秋筱宫（Akishino-no-Miya）邸、大正天皇第四皇子三笠宫（Mikasa-no-Miya）邸、三笠宫崇仁亲王长男宽仁（Tomohito）亲王邸，以及三笠宫三男高円宫（Takamado-no-Miya）邸。无论皇居或赤坂御用地，均为国有资产，基本上禁止一般人随意进出。（2019 年 5 月 1 日起，日本年号改为“令和”，时任天皇明仁退位，皇太子德仁亲王继位天皇。）

由于是禁地，庶民身份的我只能从媒体中得知有关天皇家或皇太子家的部分私生活报道，因此不免会心生好奇：天皇家和皇太子家的餐桌上到底都有些什么山珍海味？用的是什么碗盘筷子？是不是跟往昔的德川将军家或各地藩主家一样，也有专门试毒的工作人员？

后来才知道，天皇家和皇太子家的三餐其实简朴得会令某些贪恋鲜衣美食的人汗颜。例如，天皇夫妻，上午八点半吃的早餐通常是西式的，主要是燕麦片和面包；正午的午餐和下午六点的晚餐则分别为西餐、和食，总之，三餐中必定有一顿是日本料理的和食。和食也非一般庶民可以在高级旅馆所吃的那种有十几盘菜的精致怀石料理套餐，就内容来说，简直跟退休后靠养老金过活的清贫老夫妻吃的晚餐没两样。

在此具体列举两份菜单给大家看看，一餐是什锦汤（香菇、鹌鹑蛋、豆荚、嫩鸡肉、竹笋）、麦饭、盐烤秋刀鱼、碎肉煎蛋、凉拌蔬菜、奈良渍胡瓜，另一餐是青花鱼块汤、麦饭、油炸石鲽、炒猪肝（猪肝、青椒、竹笋、香菇）、红烧昆布白豆、奈良渍瓜。这种食谱跟一般家庭差不多，甚至更清淡简陋。而且炒猪肝、油炸石鲽算是中国菜，换句话说，和食中也包括了中国菜，但负责皇室三餐的国家公务员“大膳课（Daizenka）厨司（Chuushi）”中没有专门负责烹调中国菜的“技官”（Gikan，意指掌管土木、建筑、机械、医疗、烹调等技术系的国家公务员），因此中国菜亦由和食技官负责。

与一般庶民家庭相异之处是每餐都要做 5—6 人份，天皇和皇后占去 2 份，检查营养成分的御医占 1 份，剩下的是以防万一的备份，和天皇或皇后想再添一碗或一盘时的添份。站在大膳技官的立场来看，他们必须在固定的伙食费中费尽心思地做出让陛下夫妻吃得可口开心的三餐（况且陛下夫妻不能随意要求想吃什么菜），这跟每个月拿固定薪资的上班族家庭的专业主妇无异，专业主妇也是要在固定的伙食费中绞尽脑汁地做出能让一家人吃得开开心心的三餐。难怪每个进入宫内厅大膳课的厨师最初都会倍感失望，因为他们原以为只要进宫便可以学到各种豪华料理的做法，但是，他们最后都会领悟出一个道理——粗茶淡饭才是真正考验厨师技艺的料理。

此外，天皇和皇后用的筷子也非金银象牙筷，而是一般庶民在元旦时用的“柳箸”（请参见《字解日本：十二岁时》），也就是卫生筷。不过，筷子并非用过一次就丢弃，至少要用两三次，直至筷尖染上颜色才转让给厨师当烹饪时的公筷，这算是环保运动之一的废弃物再利用。餐具也是一般市面上卖的碗盘，跟普通家庭一样，当然也没有历史电影或电视剧中常见的试毒人员。至于在迎宾馆招待国宾时的晚宴，或每年春秋两季在赤坂御苑举行的“园游会”（Enyuukai），则另当别论。

神奈川县（かながわけん / Kanagawaken）

人口约 920 万人

神奈川县位于东京南部，古名“相模”（Sagami），简称“相州”（Soushuu）。位于东京湾西岸的县厅所在地横滨市（Yokohamashi）是日本第二大城市，亦是日本规模最大的国际港口，与中国上海市是友好城市，与上海港、大连港则为友好港。位于三浦半岛（Miura-Hantou）西部的镰仓市（Kamakurashi）是仅次于京都、奈良的古都，有众多神社寺院。相模湾（Sagamiwan）沿岸通称湘南（Shounan），是日本年轻人憧憬的海上活动据点。箱根（Hakone）那一带更是全球著名的温泉旅游胜地，而箱根的入口小田原（Odawara）也是座古城小镇。

乡土料理：

红豆泥团子（へらへら团子 / Herahera-Dango）、铁板圆饼（かんこ焼き / Kankoyaki）。

“Herahera-Dango”是一种将面粉和糯米粉混合做成扁丸子，再蘸上红豆泥制作而成的甜点，原为横须贺市（Yokosukashi）佐岛（Sajima）于每年 7 月举行船祭时供神的传统料理，但在某些地区则为农家传统茶点。“Kankoyaki”是用面粉皮裹山菜、菇类、粟子煎成的圆饼。

➢ 红豆泥团子
（へらへら团子／Herahera-Dango）

➢ 铁板圆饼
（かんこ焼き／Kankoyaki）

* * *

庶民派历史、时代小说家山本周五郎（Yamamoto-Shuugorou, 1903—1967）生于山梨县，4岁时，因故乡遇水灾灭村而迁居东京，7岁时再度搬到横滨。小学毕业后即前往位于东京银座的当铺“山本周五郎商店”当住宿学徒，20岁时，当铺因关东大地震而倒塌，之后他在关西当过报社记者、杂志编辑等，23岁时于《文艺春秋》发表处女作，登上日本文坛。30岁之前，为了养家，他曾用多个笔名写过无数娱乐小说，40岁时虽获得直木赏，却推辞不接受奖赏。他是直木赏史上唯一谢绝领奖的作家，据说原因在于他跟文艺春秋社社长兼直木赏创办人的菊池宽（Kikuchi-Kan）交情不好。山本周五郎40岁过后才成为流行作家，但他却说：“50岁之前的作家，写不出杰作。”他说得没错，他的代表作《残留的枞树》正是自51岁写到55岁的大作，而另一部看似虚构的小说，实则是其亲身经历，背景是迪士尼乐园还未建成之前的浦安市某渔村的故事——《青舢板物语》，则为他 57 岁时的作品。

山本周五郎生前不喜交际应酬，个性孤僻，你说东，他会故意说西，这跟他笔下的市井小民悲欢离合故事的主角完全两样。他不但推辞了各种文学奖，连天皇举办的园游会也拒绝参加。可能是小时候生活贫苦，吃得不好，因此他对饮食极为执着，经常吃上等牛肉，喝高级红酒，倘若菜做得不合口味，他宁愿饿肚子也会丢弃全部菜肴，致使山本夫人于丈夫过世后曾说："我不想再跟男人共同生活了。世上可能有不少凡事都很挑剔的男人，但绝对比不上我丈夫。"

现实世界中的山本周五郎过着暴饮暴食的生活，却以哀愁静谧的文笔写出许多社会底层贫苦小人物的故事。由于他生前很挑食，是以经常亲自下厨，创出一些古怪料理，甚至还断言"无法做出几道独创料理的人，没资格当作家"。只是，他的独创料理跟他的个性类似，会令人望而却步，例如在清汤内混入咖啡，或在味噌汤内加入咖喱粉。只有一道料理令我觉得还不错，就是把小黄瓜去掉头尾切半，中间挖空，再塞入事先用盐、胡椒、酒、面粉、肉末和成的猪肉馅，最后用高汤煮熟。这跟我小时候在台湾很爱吃的苦瓜封肉清汤类似，但还是不及尘封在我的味蕾记忆网中的味道。

「中部地方」

（Chuubu-Chihou）

新潟县（にいがたけん / Niigataken）

人口约 222 万人

新潟县古名“越佐”（Essa），包括越后（Echigo）和佐渡（Sado），西侧是长蛇般的海岸线，东边邻接五县，县内有众多河川和肥沃平原，并有佐渡岛、粟岛两座孤岛。四季寒暑变化剧烈，冬天积雪量高达 3 米以上，是名副其实的雪国。这些积雪融化后渗入大地，再化为泉水滋润稻米蔬菜，或流入大海哺育鱼鲜，透过大自然的良性环流令新潟县农渔兼丰。此外，金属加工品产量也相当可观，光是食器产量便占日本国内生产总额的九成，其他如剪刀、菜刀之类的金属工具产量则仅次于大阪，位居全日本第二位。摩托车仪表的国内市场占有率约九成，全球市场占有率则为三成左右。编织品产量居日本全国第一，神社数量也居日本首位。

乡土料理：

能平汁（のっぺい汁 / Noppeijiru）、笹寿司（Sasazushi）。

“Noppeijiru”写成汉字是“能平汁”“浓平汁”或“浓饼汁”，是新潟县人于节日、冠婚丧祭时必定上桌的浓汤。其主要食材是芋头、胡萝卜、牛蒡、莲藕、香菇、银杏、蒟蒻，再加鸡肉或海鲜，芋头煮烂后会令汤头变得浓稠；喜事时放红色鲑鱼或鲑鱼子，葬仪法事时则放油豆腐。冬天吃热汤，夏天吃凉汤，

➤ 能平汁（のっぺい汁／Noppeijiru）

➤ 笹寿司（Sasazushi）

是一道四季通用的家乡菜。“笹寿司”是用竹叶裹成的寿司，寿司饭上的材料大多是蕨、笋、薇等时节性山菜，或是金黄色的蛋饼丝、花花绿绿的泡菜，偶尔也有淡水鱼鱼松。

＊＊＊

一般日本人通称寿司醋饭为“寿司饭”（Sushi-Meshi），但寿司店里有各种寿司专用词，例如茶称为“Agari”，算账称为“Oaiso”，胡瓜（黄瓜）称为“河童”（Kappa），甜醋姜称为“Gari”，蛋卷称为“玉”（Gyoku），在紫菜卷寿司上盛食材的称为“军舰”（Gunkan），寿司上的食材称为“Neta”，酱油称为“紫”（Murasaki）……总之，凡是日本成人大都知道这些专用词，在寿司店通常也用这些词。

那么，寿司店的米饭专用词是什么呢？是“Shari”，写成汉字便是“舍利”。这个词不仅是寿司店的专用词，亦是一般日常生活中的习用语，“银舍利”（Ginshari）正是白米饭的别称。佛教用词“舍利”是指释迦牟尼圆寂火化后留下的遗骨和珠状颗粒，后来泛指高僧遗体焚化后所结成的珠状或块状颗粒；骨为白舍利，发为黑舍利，肉为赤舍利。

成书于720年的日本现存最古老的正史《日本书纪》中，有一段《苏我马子崇佛》，文中提及舍利的超能力现象。苏我马子（Soga-no-Umako，550?—626）是飞鸟时代（Asuka-Jidai）的贵族政治家。他不但拥立日本第一位女帝推古天皇（Suiko-Tennou）即位，而且立圣德太子（Shoutoku-Taishi）为皇太子，并与圣德太子共同摄政。据说，584年秋九月，百济使者带来弥勒石像一座、佛像一座。苏我马子建造了佛殿，安置弥勒石像，此时有人送了佛舍利给苏我，结果，“马子宿祢试以舍利，置铁质中，振铁鎚打。其质与鎚，悉被摧坏，而舍利不可摧毁。又投舍利于水，舍利随心所愿，浮沉于水”。文中的舍利，指的是真正的高僧遗骨火化后之珠状物。

成书于平安时代的空海著作佛书《秘藏记》中则记载：“天竺呼米粒为舍利。佛舍利亦似米粒。是故曰舍利。”然而，日本人是在近世以后才形容白米、米饭为“舍利”的，直至终战之前，日本人仍惯称麦饭为“麦舍利”，白米饭为“银舍利”，不过，现代用词的“麦舍利”指的是监狱牢饭。如此看来，可能是因为往昔的日本人认为白米很珍贵，珍贵得如同释迦牟尼的舍利，而且形状和颜色均类似佛舍利，因此才将白米、米饭比喻为“舍利”。毕竟日本人是从 17 世纪中叶开始才吃白米饭的，而且当时仅限将军家、大名、富商才吃得起白米饭，武士阶级都吃七成白米、三成小麦的麦饭。直至第二次世界大战后，白米饭才登上大部分日本人家庭的餐桌。

长野县（ながのけん / Naganoken）

人口约 205 万人

长野县古名“信浓”（Shinano），简称“信州”（Shinshuu）。面积居日本全国第四位，大约相当于东京、神奈川、千叶、埼玉四县的总面积，但县内有许多标高 3000 米以上的连绵高山，可居住地面积只占全县总面积的 1/4，与面积居日本第 27 位的爱知县、第 28 位的千叶县相差不大，是日本著名的内陆高原避暑胜地，别称“日本屋脊”。东南部轻井泽（Karuizawa）山明水秀，不但聚集了众多上流阶级的豪华别墅，也有不少适合年轻人住宿的民宿，老少咸宜。除了优美的溪谷景色，另有历史悠久的古迹，长野市善光寺（Zenkouji）、松本市松本城（Matsumotojou）、上田市安乐寺（Anrakuji）等均为日本国宝。县厅所在地长野市（Naganoshi）与中国河北省石家庄市是友好城市。

乡土料理：

信州荞麦面（信州そば / Shinshuu-Soba）、御烧（おやき / Oyaki）。

“Shinshuu-Soba”是信州荞麦面，闻名全日本，由于长野县是高冷地，无法种稻，只适合栽培荞麦，因此长野县的荞麦面产量自古以来便居日本首位。“Oyaki”写成汉字是“御烧”，

➢ 信州荞麦面（信州そば / Shinshuu-Soba）

➢ 御烧（おやき / Oyaki）

与中国台湾省的高丽菜水煎包类似，只是形状是圆形的，直径8—10 厘米，主馅是山菜，调料是味噌或酱油。我去过长野县无数次，每次买当地“御烧”吃时，总会想起往昔在台湾省高雄市路边摊吃的高丽菜水煎包。对我个人来说，高丽菜水煎包比

“御烧”好吃多了，如今是有钱也买不到高丽菜水煎包了，非常遗憾。

＊＊＊

全球各地有很多奇食珍味，某些当地的奇食，在外国人眼中看来，不但会令人作呕甚至大做文章批评当地人不人道。然而，就我看来，既然人类都必须仰赖其他生命才能生存，我们便没有资格去批评其他民族的饮食文化。况且，即便是同一民族，也有因当地风土习俗而令外县人目瞪口呆的饮食习惯。总之，全球各地的所有美食均源自奇食。举个最简单的例子，我到现在仍很佩服最初把咖啡豆磨成粉创出咖啡饮料的人，据说最初咖啡亦是一种宗教性秘药。更惭愧的是，我最近才得知中国有俗称“中国咖啡”的豆科种子决明子，原本是我儿子从苏州带了一包回日本给我尝尝鲜，我按说明用水煮沸，再加入冰糖，把它当作夏季饮料喝，结果发现确实有咖啡味，冷热皆宜，美味可口。再到网络上查询，又发现决明子具有预防和治疗疾病的保健功能，对我来说，这真是一项惊喜的新发现。

日本各地当然也有令外县人张口结舌的奇食，最有名的大概是长野县人吃昆虫的饮食习惯。准确说来，他们吃的是昆虫蛹。由于长野县是内陆县，往昔的当地人很难取得蛋白质食品，只得利用飞蝼蛄、蛇蜻蛉、石蝇、蜜蜂、蝗虫、蚂蚁、蝉等幼虫，以油炸或咸煮方式做成料理，从中摄取蛋白质。只是到了现代因人类开发过度导致自然环境恶化，再者蛋白质食品也很容易入手，所以这些昆虫料理如今在当地都成为高级珍品，而且须持有国家发给的许可证，才能于 12 月至次年 2 月的解禁期间捕捉。

美国文化人类学家马文·哈里斯（Marvin Harris）在其著作《好吃：食物与文化之谜》（*Good to Eat: Riddles of Food and Culture*）中，便说明“我们（欧美人）不吃昆虫之因，并非它们肮脏或令人作呕，而是我们不吃昆虫，才会认为它们肮脏且令人作呕”。这道理跟一些民族有食物禁忌，以及亚洲人的胃肠比较难消化牛奶一样。我本身的体质就无法接受牛奶，每次喝牛奶都会拉肚子，只好以豆浆代替。至于猪肉和牛肉，在明治时代之前，日本人也认为它们是“肮脏且令人作呕”的食物。连现代日本人餐桌上最常见的鲔鱼沙西米与最昂贵的鲔鱼肚，在江户时代都被视为“连猫也不愿意吃的下等食品”而全部丢弃呢。

山梨县（やまなしけん / Yamanashiken）

人口约 81 万人

山梨县古名“甲斐”（Kai），简称“甲州”（Koushuu），也是内陆县，县内有八成是高山，象征日本的富士山就在此，虽然森林资源丰富，但可居住地面积位居日本全国倒数第三，人口也就不足百万人。由于气候凉爽，盛产葡萄、水蜜桃、樱桃，矿泉水产量占日本全国总产量的四成，县厅所在地甲府市（Koufushi）的甲府葡萄酒闻名遐迩。甲府亦是战国大名武田信玄（Takeda-Shingen）的居所地，其宝石加工工艺驰名全日本，与中国四川省成都市是友好城市。山梨市的清白寺（Seihakuji）和甲州市的大善寺（Daizennji）均为日本国宝。富士山西北侧的原始森林青木原（Aokigahara）俗称“树海”（Jukai），历史仅有 1200 多年，却是日本的“自杀名所”，倘若享受森林浴的游客不按步道前进，误闯入森林，即便距离只有二三百米，也没法回归原路，只能在森林内等死。电影《虫师》的拍摄外景正是青木原树海。

乡土料理：

烩面（ほうとう / Houtou）、吉田乌冬面（吉田うどん / Yoshida-Udon）。

“Houtou”是烩面，一种很粗很厚的乌冬面，比名古屋名产之一的“Kishimen”（扁条面）还要粗厚。其做法是在日式汤头里放入白萝卜、胡萝卜、葱、牛蒡、大白菜、番薯、菇类、南瓜，等等，亦可加猪肉、鸡肉，最后放入面条煮，调味是红味噌或白味噌，据说这是战国大名武田信玄发明出的野战食物。吉田乌冬面则比一般日式乌冬面更具嚼头，既厚又韧，冷热食用均可。

➢ 烩面（ほうとう / Houtou）

➤ 吉田乌冬面（吉田うどん／Yoshida-Udon）

＊＊＊

一般外县人对山梨县人的大致印象是现实主义、经济观念很强（说好听点是节俭，说难听点是小气）、商人气质浓重。然而，根据统计，山梨县人和滋贺县人的义工实行率位居日本全国第一，15 岁以上的县民有 40% 曾参与社会公益活动，此数字比日本全国平均数字高出 10 个百分点以上。可能由于山梨县四面环山，一旦遭遇天灾战祸，很容易陷入孤立的陆地离岛状态，因此自古以来便养成不向外县人求救以及县内人彼此互助的精神，或许这也正是他们经济头脑发达的原因。

山梨县最有名的是白葡萄酒，35% 以上的日本国产葡萄酒均出自山梨县，而且山梨县人的葡萄酒消费量也高居日本全国第一（其次是东京、大阪、京都），可以说是葡萄酒王国。除了啤酒以外，日本人向来都爱喝日本酒（清酒），山梨县人本来也是“既要喝酒，非日本酒不可”的圈内人，但在明治初期得知甲州葡萄极为适合酿造白葡萄酒后，开始试制葡萄酒。当然试制过程几经周折，待酿造成功后，山梨县人便主动团结一致互相立誓，往后将不再喝清酒，只喝甲州葡萄酒，由此也可看出他们的团结力非常强。只是不知是否常喝葡萄酒之因，造成山梨县的交通事故相当多，均为酒后开车的后果，车祸死伤人数居日本全国第八位。

静冈县（しずおかけん / Shizuokaken）

人口约 364 万人

静冈县北部依山，南部傍海，往昔分为三国，各为“伊豆”（Izu）、“骏河”（Suruga）和“远江”（Tootoumi）。东侧伊豆半岛与西侧静冈市隔着海洋彼此对望，即便同为静冈县人，东西居民的风土人情差异也很大。县内盛产茶叶、橘子，日本两大高级名茶正是宇治茶（Ujicha）和静冈茶（Shizuokacha），静冈县的茶园面积和茶叶产量均居日本全国首位。由于富士山跨山梨、静冈两县，静冈县北部富士山那一带理所当然是旅游名胜；东部热海（Atami）、伊豆则为著名温泉区；县厅所在地静冈市（Shizuokashi）聚集了众多塑料模型工厂，市场占有率是全日本的 90%；西部滨松市（Hamamatsushi）是著名的工业城市，除了铃木汽车、本田汽车工厂，雅马哈（Yamaha）乐器、河合（Kawai）乐器和乐兰（Roland）乐器总部均在此，故又别称“日本乐都”。

乡土料理：

樱虾天麸罗（桜えびのかき揚げ / Sakuraebi-no-Kakiage）、鳗鱼蒲烧（うなぎの蒲焼き / Unagi-no-Kabayaki）。

本地人气料理：

富士宫炒面（富士宮やきそば / Fujinomiya-Yakisoba）。

“Sakuraebi”的和名汉字是“樱海老”，中文是“樱虾”，形状小巧可爱，浮游在水面时，色泽透明粉红如樱花，全世界只有日本静冈和中国台湾省东港能捕获，在台湾又俗称“花壳仔”。“Kakiage”是天麸罗的一种，东京的“Kakiage”指的是芝虾（Shibaebi）天麸罗。天麸罗在台湾音译为“甜不辣”，我曾在台北夜市吃过“甜不辣”，发现无论炸法或味道，二者完全两样，“甜不辣”应该归类为台湾特有的小吃。静冈县的樱虾天麸罗用的是生鲜樱虾，外层裹的面浆很薄，口感很脆，而且樱虾本身有甜味，非常好吃。至于“Unagi-no-Kabayaki”则为鳗鱼蒲烧，这道料理在日本全国各地很常见，只是滨名湖（Hamanako）的鳗鱼养殖历史已有 130 余年，滨松市内甚至有创立 130 年的鳗鱼料理店，因此静冈产鳗鱼在日本是顶尖名牌。

➢ 樱虾天麸罗（桜えびのかき揚げ / Sakuraebi-no-Kakiage）

➤ 鳗鱼蒲烧（うなぎの蒲焼き／Unagi-no-Kabayaki）

本地人气料理“富士宫炒面”跟一般日式炒面不一样，面条是当地独特的面条，很有嚼劲。2006 年在青森县八户市（Hachinoheshi）举行第一回全日本 B 级美食大会时，“富士宫炒面”夺下冠军宝座，由于荣获冠军，翌年该大会便在静冈县富士宫市举行，而第二回冠军宝座依旧被“富士宫炒面”夺走。此大会经电视和其他各种媒体报道，“富士宫炒面”便一举成名，闻名全日本。

***

日本政府于 2004 年将 5000 日元纸币肖像人物新渡户稻造（Nitobe-Inazou，1862—1933，农学者、教育者、《武士道》作者）

➢ 富士宫炒面（富士宮やきそば / Fujinomiya-Yakisoba）

换成樋口一叶（Higuchi-Ichiyou，1872—1892），1000 日元纸币肖像人物夏目漱石换成野口英世（Noguchi-Hideyo，1876—1928，细菌学者）。樋口一叶是明治时代妇女社会角色变化的先驱者，亦是日本纸币史上第二位女性肖像人物，生于 1872 年，上有二兄一姐，下有一妹。父亲本为山梨县农民，为了摆脱阶级制度的桎梏，弃乡上京打拼，经历千辛万苦，终于在明治新政府成立之前花钱买了同心（江户时代的下级公务人员）阶级特权，成为士族（武士）阶级。

一叶从小便很喜欢读书，9 岁入私立小学，却遭母亲反对，11 岁退学，她的最终学历止于小学，换句话说，她只接受过两年正式教育。退学后，一叶在家依然时常捧着祖父与父亲的书籍自修，她父亲看不下去，送她进和歌私塾学和歌、书法、古典文学。一叶的父亲或许担忧两个女儿的将来，求好心切地扩展事业，却节节失利，最后留下一笔负债，两年后撒手尘寰，当时 17 岁的一叶遂成为一贫如洗的户长。一叶立志当个歌人，无奈同一时代出现了小她 6 岁的天才歌人与谢野晶子（Yosano-Akiko，1878—1942），致使一叶虽留下将近 4000 首和歌，但这些作品却始终如同冰冻冷宫，无法见天日。后来一叶改行写小说，却在写作上也陷于瓶颈。小说写不出来，家中柴米油盐样样要钱，难道身为女人，就无法凭自己的力量闯天下吗？

一叶 21 岁时，怀着满肚子的苦恼，决定放弃文学，带着母亲和妹妹搬到贫民窟开了家杂货店。没有面包，焉得墨水？9 个月的贫民窟生活经验，是一叶创作的转折点。在这之前，一叶的小说始终摆脱不了当时女作家特有的脂粉气，徒有丽藻，缺乏骨架。但在贫民窟看多了长大后便必须卖身进吉原游廓当妓女的女子命运后，一叶的日记文体开始有强烈变化，浓妆艳抹的冗词赘句消失了，只剩下简洁有力的肺腑之言。22 岁时，一叶再次搬家，她为了糊口似乎豁出一切矜持，假意周旋在可以借到钱的男人之间，使得一些学姐学妹无不鄙视唾弃她，直至她以市井作家身份再度登上文坛。

1894 年 12 月至 1896 年 1 月，是一叶创作生涯的最高峰，也正是后人所说的“奇迹的十四个月”。这期间，一叶连续发表了《大年夜》（Ootsugomori）、《浊江》（Nigorie）、《十三夜》（Juusanya）、《分道》（Wakaremichi）、《比肩》（Takekurabe）等历久弥新的杰作。小说主角均是社会底层的女佣、私娼、贫民窟少男少女，尤其描写贫民窟少男少女的《比肩》，令当时不少文人赞不绝口。森鸥外甚至公开坦言：“即便世人嘲笑我盲目崇拜一叶，我也在所不惜地想赠予她‘真正的诗人’称号。”当代文豪的赞赏巩固了一叶的作家地位。就在前途似锦，看似即将可以脱离家徒四壁的日子时，肺结核病魔缠上了一叶。在病榻上缠绵了 10 个月的一叶，终究甩不开死神的纠缠，于 1896 年 11 月 23 日永眠，年仅 24 岁。这位生前作品仅有 20 多篇短篇小说的女作家，宛如昙花一现，却留下令人萦怀难释的芳香。倘若一叶地下有知，望着 5000 日元纸币上自己的肖像，不知会不会叹喟：“100 多年前的我，最需要的正是这个哪！”

一叶生前非常喜欢吃鳗鱼，她在《一叶日记》中时常让鳗鱼登场，也常让男性掏腰包请她吃各种高级料理，在小说中更经常利用料理衬托人物。日本文坛有句名言：“写得出食物和女人的人，才够格自称专业作家。”看来这句名言并非凭空杜撰。

爱知县（あいちけん / Aichiken）

人口约 755 万人

爱知县往昔分为“尾张”（Owari）和“三河”（Mikawa）两国，位于静冈县西邻，东、北部靠山，西、南部临海，面积居日本全国第 27 位，人口却仅次于东京、神奈川、大阪，排行第四，县内总产值亦仅次于东京、大阪，居日本全国第三位。县内盛产木材，木材出货量占全日本最高位。县厅所在地名古屋市（Nagoyashi）于战国时代出现过两位英雄——织田信长和丰臣秀吉，战国名将加藤清正和前田利家也是名古屋人，名古屋市与中国南京市是友好城市。全世界规模最大亦是全日本最大企业的丰田（TOYOTA）汽车厂商，总部就在爱知县丰田市，名古屋也有丰田汽车分部，因此名古屋是汽车城市，马路很宽，光是单侧便有 3—5 条行车道，这是名古屋人引以为自豪的事项之一。

乡土料理：

烤鳗鱼饭（ひつまぶし / Hitsumabushi）、味噌乌冬面（味噌煮込みうどん / Miso-Nikomi-Udon）。

“Hitsumabushi”是将鳗鱼蒲烧切碎盛在白米饭上，容器是小饭桶，有三种吃法，可以原样吃、拌饭吃，或加日式汤头、热茶当作茶泡饭吃。“Miso-Nikomi-Udon”即味噌煮乌冬面，这是砂锅料理的一种，调料是赤味噌，味道浓厚，面条也很硬。

➤ 烤鳗鱼饭（ひつまぶし／Hitsumabushi）

➢ 味噌乌冬面（味噌煮込みうどん／Miso-Nikomi-Udon）

日本全国各地都有当地的味噌乌冬面砂锅，但调料通常是白味噌，只有名古屋用的是赤味噌，非常独特。

＊＊＊

日本历史上名垂不朽的三位战国时代的英雄伟人，均为爱知县人，其中两位分别是尾张国的织田信长（Oda-Nobunaga，1534—1582）、丰臣秀吉（Toyotomi-Hideyoshi，1537—1598），另一位是创立江户幕府的三河国人德川家康（TokugawaIeyasu，1537—1616）。

织田信长于战国时代建设了庞大的药草园，3000 多种药草

（包括蔬菜类）全来自中国或西域，这些药草中有一样现代日本小朋友很讨厌吃的蔬菜——胡萝卜。胡萝卜原产于阿富汗，中国约在 13 世纪时自伊朗引入，当时织田信长进口的正是这类经由中国改良的亚洲生态型胡萝卜。在织田信长引进胡萝卜之前，日语的“人参”（Ninjin）指的是朝鲜人参，大众认为其是促进阳气、滋补体力的特效药，由于很难栽培，因此在当时是珍贵药材。

织田信长引进的胡萝卜当然不是朝鲜人参，不过因其形状类似，令当时的日本人以为胡萝卜也具有朝鲜人参的药效。再者因胡萝卜容易栽培，于是急速普及。不过，现代日本人吃的胡萝卜大部分是荷兰、法国改良的短小型西洋品种，一年四季都能买得到。胡萝卜的营养价值当然不亚于朝鲜人参，而且对男性来说，似乎比昂贵的朝鲜人参更有价值。

日本著名的天皇大厨秋山德藏（Akiyama-Tokuzou，1888—1974）曾在著作中提到，他有位来自鹿儿岛县的男性朋友，因父亲年纪大了，便把父亲接到东京来住。比起南国鹿儿岛，第二次世界大战前东京的冬季气温太低，令这位老父受不了。邻居看不下去，建议年过 65 岁的老父每天早上喝一杯用胡萝卜加苹果碾碎制成的果汁，如此便可以暖身。材料是约 3 寸长的生胡萝卜，然后将苹果连皮一起磨碎，再用纱布过滤成果汁。老父喝了 10 天，果然不再怕冷，每天带孙子玩。然而这果汁有令人意想不到的副作用，据说老父除了不再怕冷外，本来已奄奄一息的性欲也生龙活虎起来，这令老父极为难堪。由此秋山德藏所得出的结论是，强精秘密可能在于并用生胡萝卜与苹果。奉劝各位男性看官，掏腰包花钱买“威而刚”之前，不妨先用此偏方试试。

富山县（とやまけん / Toyamaken）

人口约 104 万人

富山县古名“越中”（Ecchuu），简称“越州”（Esshuu）。北临日本海（富山湾），东接新潟、长野两县，南侧紧邻岐阜县，西侧是石川县。由于水力资源丰富，县内有百余座水力发电所，更是日本国内著名的名水产地。山区大部分是国立公园。立山（Tateyama）山脉是日本三名山、三灵山之一，主峰“雄山”（Oyama）高 3003 米；黑部峡谷（Kurobe-Kyoukoku）更是日本秘境百选之一；位于西南端的“五箇山”（Gokayama，五个山谷之意）合掌造村落则为世界遗产。富山县的方言大致有三种，其中之一的富山话据说是日本最古老的语言。富山药商也很有名，亦即家庭常备药急救箱寄放买卖方式，推销员定期来检查急救箱内的药品，再计算用过的药费，并增添新药品。

乡土料理：

鳟寿司（鱒寿司 / Masuzushi）、萝卜炖鰤鱼（ぶり大根 / Buri-Daikon）。

鳟寿司已有 300 余年历史，是在圆形木制容器里铺上一层笹（Sasa，日本原产矮竹）叶，盛入醋饭，上层铺盐腌后再调味的鳟鱼，最后裹上笹叶，用石头或压板压扁，算是押寿司（Oshizushi）的一种。“Buri-Daikon”是日本全国家庭餐桌常见

➢ 鳟寿司（鱒寿司／Masuzushi）

的冬季家常菜，食材是冬鰤鱼头、鱼骨和萝卜，用酱油、味淋等红烧而成。

＊＊＊

提到富山县，一般日本人会想到“置き薬”（おきぐすり／Okigusuri），也就是先用药、后收费的寄放药箱贩卖方式。“富山置药”的原点是奈良县寺院的施舍药，寺院拥有药圃，原为免费施舍给一般香客，后来随着人口逐渐增多，加之寺院本身也需要药草栽培费用，于是开始按实价销售。卖药人正是“香具师”（Yashi），这些别称“香具师”的人，日后逐渐演变为江湖艺人。

奈良县有“西国三十三所”灵地，香客络绎不绝。“香具师”起初在香客巡礼的街上路旁贩卖药草，但香客返乡后，通常会再度来信求药，寺院只好遣使者递送药草，时日一久，便形成一种行商组织。到了江户时代，越中富山藩（今富山县）

➤ 萝卜炖鰤鱼（ぶり大根／Buri-Daikon）

因冬天积雪深，农民无法种田，第二代藩主前田正甫（Maeda-Masatoshi，1649—1706）便允许农民于农闲期集体到外地行商，卖的正是富山藩有名的“反魂丹”（Hangontan）。这些农民到外地各个农村留下各种富山藩特制药丸，一年后，再度前来收费并送来新药丸，算是一种百分之百的信用买卖制度。明治维新后，“富山置药”不但没有衰落，反而逐年兴盛。我家曾是“富山置药”客户之一，所以对此制度非常熟悉。家中有幼儿的日本家庭，因小孩经常会发高烧、拉肚子，通常家里都有富山药商救急箱。救急箱内有许多家庭急用药品，推销员每个月都会在固定日子来检查救急箱内的药品，计算用过的药费，并填补新药品。

此外，推销员本身也是医疗咨询者，每月一次的访问，相当于是定期来与客户商讨医疗问题。由于是百分之百的信用商法，“富山药商”推销员的戒律非常严格，例如，即便与客户已是老相识，也绝不能随便碰触客户家中的任何物品；在道德方面，更不准在自己所负责的地区内与客户发生男女关系。

现代日本则不仅富山制药公司如此做，其他制药公司也都有“置药”制度，甚至将范围自家庭扩展至一般企业公司。蒙古国、泰国等国家，因许多地区离医院太远，病人无法随时或定期到医院看病，纷纷学日本这种置药方式，各国政府积极与日本财团合作，实施寄放药箱制度。

岐阜县（ぎふけん / Gifuken）

人口约 199 万人

岐阜县位于长野县左邻，往昔分为两国——“飞驒”（Hida）、“美浓”（Mino），是位于日本正中心的内陆县，面积居全国第 7 位，但县内可居住地面积仅占全县 20%。北部有海拔 3000 多米的飞驒山脉，西南部则为水乡地带，甚至有低于海拔的地区，地形极为复杂，自古以来便有“飞山浓水”之形容。战国时代英雄织田信长平定了美浓国并接收稻叶山城后，才将地名改为“岐阜”。岐阜的“岐”是根据中国周文王起于岐山而取，“阜”则取自孔子出生地的曲阜。奠定江户时代德川幕府之基的“关之原合战”舞台也在此。美浓烧（Minoyaki）陶器是日本传统工艺品之一，县内陶瓷器产量居全国首位。县厅所在地岐阜市（Gifushi）位于紧邻爱知县的南部，与中国杭州市是友好城市。

乡土料理：

栗金饨（栗きんとん / Kuri-Kinton）、朴叶味噌（朴葉味噌 / Hooba-Miso）。

“Kuri-Kinton”写成汉字是“栗金饨”，与日本元旦料理之一的甜腻“粟金团”不一样，它是岐阜县特产的高级和果子，形状类似小笼包，不太甜也不黏糊，味道纯朴。朴叶味噌是飞驒地区的乡土料理，料理方法是在干燥的木兰科日本厚朴叶上盛味噌，再加入葱、香菇或其他山菜，用炭火烤，最后拌饭吃。飞驒地区有许多原生厚朴，芳香叶子具有杀菌作用，因为那地区多硬水，不适合做味噌汤，所以才会形成当地特有的朴叶寿司、朴叶麻薯、朴叶味噌、朴叶烤豆腐等饮食文化。

➢ 栗金饨（栗きんとん／Kuri-Kinton）

➢ 朴叶味噌（朴葉味噌／Hooba-Miso）

＊＊＊

向来有“日本的肚脐”之称的岐阜县，除了陶器工艺品，还有一项能在全世界引以为豪的手工艺，那就是刀刃锻造技术。就刃具产品来说，岐阜县中部关市（Sekishi）生产的高级刀剑，可以与德国的索林根（Solingen）并驾齐驱，在刀剑收藏者或军警业界、武装部队中，有所谓“东洋关市，西洋索林根”之说，若再加上英国的谢菲尔德（Sheffield，别称“钢城”），便是闻名全世界的“刃具3S”。

外县人对岐阜县人的印象是自我本位意识浓重，但很爱学习，是实干家。高龄者的学习热情度居日本全国第一，根据日本总务省统计局2001年的统计数据，100万人口中，日本高龄者学习讲座的平均数字是357.5，而岐阜县的数据高达2707.7，约全国平均数字的7.6倍，真是不负织田信长当初取孔子出生地曲阜，将地名改为岐阜之初衷。附带一提，高龄者学习讲座课程居全国第二位的是岛根县，其次为富山县，而倒数第一名的是神奈川县（30.7），然后是大阪府（34.1），最后是东京都（52.9）。[①] 由统计数字看来，住在大都市的人反倒对学习没兴趣，或许大都市另有许多其他刺激活动吧。

另有一项统计很有趣，也是根据日本总务省的调查结果，

① 这里的数字指“讲座课程数”，高龄者学习讲座是日本各种文化中心或市政府、当地大学开办的老人学习班、老人大学，社区中心开办的老人学习活动班等。此外，这里的数据是2001年的统计数字，现状有所变化。最新统计是2017年，讲座平均数字为270.4，居首位的是富山县1172.3，最后一位是东京都13.1。高龄者指65岁以上的人。——作者注

据说岐阜县工薪家庭的储蓄金额居日本全国首位。储蓄内容包括购买人寿保险、股票等。日本全国的家庭储蓄平均数字是1200万日元左右，岐阜县人的储蓄金额则为1600万日元，其次依次是福井县1500万日元、石川县与富山县1400万日元、冈山县1300万日元。倒数第一的则为冲绳县，仅有500万日元，二者之间的差距高达1100万日元以上。[①]此外，岐阜县每1000人口中，仅有3人是政府的供养对象[②]，此数字虽不及第一位的富山县与第二位的岛根县，但应该可以证明岐阜县人确实是认真工作的实干家。第一位的富山县，无论房地产（85%以上都拥有自己的地皮与房子）还是家庭所得均居日本全国第一，因此需要政府保障的贫困人口较少。

① 此为1999年的统计数据。根据2020年的最新统计，日本工薪家庭的储蓄额居首位的是东京都2254万日元，最后一位是冲绳县546万日元，全国工薪家庭平均储蓄金额为1378万日元，中位数是826万日元。——作者注

② 这里是2006年的统计数据。日本的《生活保护法》是一项全民最低生活保障制度的法律名称，简称“生保”，相当于中国的“低保”制度。政府以每月发放现金的形式对穷人和各种弱势人口提供社会福利。——作者注

石川县（いしかわけん / Ishikawaken）

人口约 114 万人

石川县由古时的“加贺”（Kaga）和“能登”（Noto）两国合并而成，南部有肥沃的加贺平原，北部有三面环海并延伸至日本海的能登半岛，地形是南北走向，呈约 200 千米的狭长条状，拥有约 580 千米长的复杂海岸线。县厅所在地金泽市更是完美保存了历史古迹及传统文化的稀有古都，县内传统民间工艺品多达 40 余种，其中以“轮岛涂”（Wajimanuri）漆器、“九谷烧”（Kutaniyaki）陶瓷器、“加贺友禅”（Kagayuuzen）和服染布等手工艺品驰名全日本。就我个人的旅游经历来说，京都和金泽虽同为日本古都，但我比较偏爱纯朴又具有独特风格的金泽。

乡土料理：

鱼饭寿司（カブラ寿司 / Kaburazushi）、治部煮（Jibuni）。

“Kaburazushi”跟一般寿司不同，是把盐腌芜菁做成割包形状，再夹入咸冬鰤鱼片，最后放进加入胡萝卜丝、昆布丝、米曲的容器内腌渍。由于北陆冬季气候严寒，米曲发酵过程较慢，如此徐徐腌渍出的“Kaburazushi”，不但味道醇浓，又有乳酸香味，在日本是极为吃香的下酒菜之一，不过当地人通常将之列为元旦料理。

➤ 鱼饭寿司（カブラ寿司／Kaburazushi）

“治部煮”的材料是鸡肉、香菇、面筋、青菜、笋、莲藕，用日式高汤加酱油、砂糖、酒、味淋煮成汤汁。鸡肉于事前先裹上面粉，如此不但可以封住鸡肉旨味，煮成后也不用加太白粉勾芡便能成为浓稠汤汁。往昔用野鸭肉，现在都用鸡肉，这道菜是当地人的婚礼喜宴必备料理之一。

➤ 治部煮（Jibuni）

* * *

日本幻想文学先驱者泉镜花（Izumi-Kyouka，1873—1939）是石川县金泽市人，生前留下不少至今仍被视为杰作的作品，但他本人在现实生活中则是位著名的洁癖怪人。他在30岁时感染痢疾，也患过脚气病，而且生来肠胃不好，极度恐惧细菌。霍乱流行期间，他曾每天只吃汤豆腐（Yudoufu）和煮豆度过百余日。而且他吃汤豆腐的方式与一般人的不同，非得让豆腐在锅内滚沸得“类似虾夷雪花蒙上昆布在舞蹈”的程度不可。他甚至将豆腐的“腐”字也列为拒绝用字，坚持用“府”字，跟同业文人一起吃火锅时也要划清界线，不准对方的筷子侵犯到自己的火锅领土。（真不知这个界线是怎么划分的。）

每次出门与人聚会时，倘若餐馆不是他常去的那几家，他一定会在家先用餐，绝不吃外面的任何食物。喝日本酒时，也得让酒壶在沸水中热得直冒泡才肯喝；喝茶时也必定先煮沸，再于茶杯内加盐灭菌；每回抽烟后，一定在烟管盖上夫人手制的彩色印花纸制盖子。或许因为过于洁癖，泉镜花生前不喜欢旅游，后来有位女作家送了一套固体酒精炉子给他，以便他在火车内也可以煮茶水喝，他才安心出门旅游。有一次，火车乘客看到泉镜花的座席冒出青色火焰，误以为发生火灾，跑去通知乘务员，乘务员慌慌张张赶来，泉镜花却慢条斯理地背诵火炉说明书给乘务员听，令乘务员听得如丈二和尚摸不着头脑，愣头愣脑地离开了。

泉镜花的住所是一楼、二楼合计约 35 坪[①]的纯日式房子，一楼的玄关约两叠大，另有四叠半、六叠、八叠房间；二楼是四叠、八叠房间。泉镜花的写作房是二楼八叠房，小矮桌面向四扇纸窗，纸窗下方都有可以开闭的竖长方形小纸窗，外面是木制阳台，另一个四叠房壁橱内则当作藏书库。令人深感兴趣的是一楼看不到任何楼梯，因为楼梯设在一楼四叠半房的壁橱一旁，客人看不到楼梯，家人想上楼时，必须打开壁橱一旁的纸门才能上楼。登上二楼后，也必须打开纸门才能进入设有藏书库壁橱的那个四叠半房。洁癖到如此程度，倘若是现代女子，恐怕没人愿意当他的妻子，不过据说他跟原为艺伎的夫人之间感情非常好，彼此终身都戴着刻有对方名字的手镯。

---

① 坪，日本的面积单位名。1 坪约为 3.3 平方米。——编者注

福井县（ふくいけん / Fukuiken）

人口约 77 万人

福井县西临日本海，由“越前”（Echizen）和“若狭”（Wakasa）两国合并而成，总面积的 3/4 是森林，若狭湾（Wakasawan）那一带是国定公园，有许多著名景观，素有“越山若水”之美誉。敦贺港（Tsurugakou）是三面环山的天然良港，亦是日本海沿岸著名的国际贸易港口。1940 年，日本的犹太人救星杉原千亩（Sugihara-Chiune）曾在立陶宛独断发放 6000 份签证给犹太人，这些犹太人正是在敦贺港上岸，而且在那前后敦贺港都收容过很多难民，因此敦贺港又别称“人道港”。县厅所在地福井市（Fukuishi）是纺织工业中心，与中国杭州市是友好城市。

乡土料理：

越前萝卜泥荞麦面（越前おろしそば / Echizen-Oroshi-soba）、腌渍鲭鱼（さばのへしこ / Saba-no-Heshiko）。

“越前”是福井县北部的旧国名，“Oroshisoba”是在荞麦面上添加萝卜泥、柴鱼片、葱，再浇上调味汁的凉面，已有 400 余年历史。“Saba-no-Heshiko”是将去掉头尾、内脏的盐腌鲭鱼再度以米糠腌渍而制成的一道料理，“Heshiko”是若狭地区方言，腌渍之意。其他另有沙丁鱼米糠渍、河豚米糠渍，这类米糠腌

➢ 越前萝卜泥荞麦面（越前おろしそば／Echizen-Oroshisoba）

➢ 腌渍鲭鱼（さばのへしこ／Saba-no-Heshiko）

渍鱼类在以京都为中心的关西地区很常见，而在关东地区则比较罕见。

＊＊＊

平安时代的贵族，似乎没有在烹调过程中直接加调味料的习惯，吃饭时，按自己口味各自蘸盐、味噌等调味料。只有酸味例外，因为当时没有食醋，只能让材料自然发酵而得酸味。又因严谨的身份制度，有不少食物被上流阶级人士视为下品，例如贵族就视沙丁鱼为敝屣。可能由于鲜度问题，当时的贵族只吃香鱼、鲤鱼或鲫鱼之类的淡水鱼，对海水鱼不屑一顾。但有位贵族，且是女子，经常瞒着丈夫偷吃沙丁鱼，这位女子正是写下世界文学史上第一部长篇小说的平安时代女作家紫式部（Murasakishikibu）。

江户时代的国学者谷川士清（Tanikawa-Kotosuga，1709—1776），于生前所编撰的国语辞典《和训刊》（Wakun-no-Shiori）第 93 卷中，描述紫式部非常爱吃沙丁鱼，时常趁丈夫不在家时，在家里偷吃烤沙丁鱼。某天，丈夫看到紫式部正在吃沙丁鱼，眉头一皱，责备她怎么吃这种下品鱼。紫式部回了丈夫一首和歌，意思是：凡是日本人，没有人不去参拜石清水八幡宫，也没有人不吃沙丁鱼的。

20 世纪 70 年代，一些专家发表了关于沙丁鱼饱含 DHA、EPA 之研究论文，而 DHA 有益于成人脑细胞，不但可抑制攻击性，也可令人精神安定，增强集中力。或许紫式部正是因为时常偷吃沙丁鱼，所以才能写下杰作《源氏物语》呢！

当时，朝廷女官称沙丁鱼为“御紫”或“紫”，可见众女官也时常瞒着男人偷吃沙丁鱼。女人通常感性（嘴巴）胜过理性（大脑），只要好吃，谁会去计较身份制度呢？先吃再说。紫式部又曾伴随父亲到越前赴任，而越前若狭湾的特产正是沙丁鱼，或许紫式部在那段时期也饱尝过沙丁鱼呢！

「近畿地方」

（Kinki-Chihou）

滋贺县（しがけん / Shigaken）

人口约 141 万人

滋贺县古名“近江”（Oumi），简称“江州”（Goushuu），该县中部是占县内总面积 1/6 的琵琶湖（Biwako），该湖南北长约 64 千米，是日本最大的淡水湖。琵琶湖有 400 万—600 万年历史，四周有 40 余个大小内湖，湖中多岛屿，水产丰富，不但是日本淡水鱼宝库，而且四季各异的景色亦极为秀丽，是日本旅游胜地之一。琵琶湖八景是晓雾（高岛市海津大崎的岩礁）、凉风（大津市雄松崎的白汀）、烟雨（大津市比睿的树林）、夕阳（大津市濑田石川的清流）、新雪（木之本町贱岳的大观）、深绿（长浜市竹生岛的倒影）、明月（彦根市彦根古城）、春色（近江八幡市、安土町的水乡）。县厅所在地大津市（Ootsushi）与中国黑龙江省牡丹江市是友好城市。

乡土料理：

鲋寿司（鮒寿司 / Funazushi）、野鸭火锅（鴨鍋 / Kamonabe）。

鲋寿司的食材是琵琶湖固有的大型鲫鱼，尤以带鱼子的雌鱼为高级品，先除掉鲫鱼卵巢以外的内脏后，盐腌数月至一年。做寿司时，把盐腌鲫鱼浸在水中除去咸味，之后塞入加了盐的白米饭，最后于木桶内交互放入白米饭、鲫鱼，再度腌渍数月。白

➢ 鲋寿司（鮒寿司／Funazushi）

➢ 野鸭火锅（鴨鍋／Kamonabe）

米饭发酵后有乳酸酸味和独特的臭味，一般都只吃发酵后的鱼肉，也有人连鱼带饭做成茶泡饭。“鸭锅”是野鸭火锅，由于只限冬季狩猎，这道火锅料理也只能在每年的 11 月至次年 3 月才吃得到。

* * *

滋贺县古名是近江，提到近江，大部分日本人都会联想到“近江商人”。日本战国时代丰臣秀吉政权五奉行之一的石田三成（Ishida-Mitsunari，1560—1600）正是近江人，他的数字能力非常强，善于处理财务。其实不仅石田三成，近江人自镰仓时代（12 世纪末—14 世纪初）起便很会做生意，直至江户、明治、大正、昭和战前时代，始终是日本商业界的统帅。或许正因为如此，近江人的县民性是重人情，讲仁义，数字能力强，做事有计划性，视节约为美德，但必要时也会慷慨解囊。

近江有不少名门商家，例如日本规模最大的寝具厂商西川（Nishikawa）产业，已有 400 年以上的历史，日本人一提到寝具，首先必定会想到“西川棉被”，西川牌寝具在日本算是高级品。另一家是伊藤忠（Itouchuu）商社，创业者起初只是个麻布行商小贩，百年后发展成为伊藤忠财阀，第二次世界大战后由于财阀解体措施，分裂为伊藤忠和丸红（Marubeni）两个组织，但两者均是同根企业。

往昔我曾到东京港区伊藤忠总社去应征口语翻译工作，对这家大企业印象很深，我记得当时整栋大厦无声无息，连走廊都铺着地毯，走起路来不会发出高跟鞋的咔嗒咔嗒声。遗憾的是，当时我刚离婚不久，而且两个儿子都还在读小学，面试人劝我最好找可以在家工作的文笔翻译，因为工作时间不规律，不适合必须只身养育小学生的单亲妈妈。后来我才到 NTT 系列公司做起了朝九晚五的电话簿编辑工作。

而以农业机械器具、小型船舶为主的制造公司 Yanmar，其创办者亦为近江人。其他还有西武铁道集团创办者堤康次郎（Tsutsumi-Yasujirou，1889—1964）、高岛屋（Takashimaya）百货公司的创办者、日本规模最大的人寿保险公司日本生命（简称 NISSAY）创立者，等等，由此可见，“近江商人”确实很厉害。

三重县（みえけん / Mieken）

人口约 178 万人

三重县位于太平洋沿岸的纪伊半岛（Kii-Hantou）东部，由“伊势”（Ise）、“志摩”（Shima）和“伊贺”（Iga）三国合并而成。南北长约 180 千米，东西宽只有 10—80 千米，盛产绿茶，产量居日本全国第三位。松阪市近郊生产的松阪牛（Matsusaka-Ushi）是日本黑毛和种高级母牛（只限未分娩母牛），其牛肉被称为“Matsuzaka-Gyu”，闻名全世界。北部铃鹿市（Suzukashi）是日本赛车圣地，有铃鹿国际赛道。西北部伊贺市（Igashi）因地形独特，是伊贺忍者发祥地，也是俳人松尾芭蕉（Matsuo-Bashou）的出生地。旅游胜地有世界遗产之一的熊野古道（Kumano-Kodou）。县厅所在地津市（Tsushi）位于中部，与中国江苏省镇江市是友好城市。

乡土料理：

伊势乌冬面（伊勢うどん / Ise-Udon）、海鲜散寿司（手こね寿司 / Tekonezushi）。

“Ise-Udon”是伊势乌冬面，面条很粗，须花一个钟头才能把面条煮得很软，再浇上浓厚的黑调料，是一种凉面。据说是为了随时可以自大锅内捞起熟面再调料给客人吃，才发明出这种无论煮多久都无所谓的面条。“Tekonezushi”类似全国各地可见的海鲜散寿司或海鲜盖饭，做法是先将鲣鱼、鲔鱼等红色鱼肉类浸渍于调味料中，再与醋饭搅拌。这道料理原本是渔夫、海女（Ama，采珠女）为节省时间而随手拌成的快餐，“Tekone”正是手拌之意，如今已成为当地著名的乡土料理。

***

三重县的县鱼是伊势龙虾，我很爱吃虾、蟹、贝之类的海鲜，可惜伊势龙虾在日本是高级食材，像我这种靠写字维生的人，甚少有机会大饱口福。不过，三重县的伊势龙虾产量并非日本全国第一，伊势龙虾产量的龙头老大是千叶县，三重县是第二把手，前往日本迪士尼乐园玩的人，最好趁机也尝尝千叶县的伊势龙虾。

➤ 伊势乌冬面（伊勢うどん／Ise-Udon）

▶ 海鲜散寿司
（手こね寿司／Tekonezushi）

不知是不是自古以来都有外县人主动来散银子，当地人不用辛苦赚钱，所以三重县人个性多半安详温和，和蔼可亲，善于交际。只是，根据统计，三重县人是日本全国酒量最小的族群。DNA 中有一种名为ＮＮ型遗传基因，具有这种遗传基因的人拥有众多可以分解酒精的酵素，调查统计得知三重县人只有 40% 的人具有这种遗传基因，居日本全国最低位，或许这正是三重县人个性温和的原因。

而酒量最大的则是秋田县人，其次是岩手县、鹿儿岛县、福冈县。据说 99% 的白人、黑人具有ＮＮ型遗传基因，而亚洲人则只占 55%。秋田县盛产美女的原因，除了日照时间短外，东京大学某研究集团还研究出青森县至秋田县沿海地区的人，具有欧美白人才有的碱基序列；而且据秋田县某医生统计，日本人的平均皮肤白色度是 22%，但秋田县人竟高达 30%，这非常接近白色度是 40% 的西欧白人。简单说来，往昔曾有白人集团漂流至秋田县沿岸，因此秋田县人祖先是白人和当地人的混血儿。

另一项位居日本全国第一的产业是龟山（KAMEYAMA）蜡烛，其市场占有率居全日本五成。龟山蜡烛公司目前将总部设在大阪，不过其创办者是三重县的木匠，据说此人退休后开始制作蜡烛，龟山蜡烛距今已有 80 余年历史，是日本国内规模最大的蜡烛公司。附带一提，福井、滋贺、岐阜、三重，四县合称“日本中央共和国”，此名称当然毫无任何政治性，只是为了便于四县联手共同向国外展开观光促销活动以及地域性的文化、产业、福祉、医疗等交流活动。

京都府（きょうとふ / Kyoutofu）

人口约 258 万人

京都府由“山城”（Yamashiro）、“丹波”（Tanba）和“丹后”（Tango）三国合并而成，北濒日本海，其他三面紧邻六县，地形南北纵长，中央是丹波山地，气候二分为日本海型和内陆型。府内南部的千年古都京都市（Kyoutoshi）四面环山，是个夹在大阪府、滋贺县之间的盆地，与中国西安市是友好城市。京都最有名的食品是明治时代之前便在京都府内栽培的传统蔬菜“京野菜”（Kyoyasai），包括已灭绝的 2 种，总计 38

➢ 京野菜（Kyoyasai），即京都蔬菜

种，例如贺茂茄子（Kamo-Nasu）、九条葱（Kujou-Negi）、水菜（Mizuna）等。宇治市（Ujishi）的宇治茶（Ujicha）是日本茶的高级名牌，自战国时代起便巩固了其高级茶地位。

乡土料理：

京渍物（京漬物／Kyo-Tsukemono）、贺茂茄子田乐（賀茂なすの田楽／Kamonasu-no-Dengaku）。

京渍物是京都传统泡菜，大部分是盐腌泡菜，由于注重蔬菜本身具有的香气和色泽，味道都很淡。最有名的是将芜菁切成薄片，再用昆布、辣椒、食醋腌渍成的"千枚渍"（Senmaiduke），其他另有用紫苏腌茄子的"紫叶渍"（Shibaduke），以及用仅限上贺茂生产的酸茎菜（Sugikina）盐腌成的"酸茎渍"（Sugikiduke），此三种泡菜号称京都三大泡菜。"賀茂なすの田楽"即贺茂茄子田乐，则是将既圆又厚的贺茂茄子横切为两半，用文火慢慢煎熟，再盛上甜味噌，适合初

➢ 京渍物（京漬物／Kyo-Tsukemono）

➢ 贺茂茄子田乐（賀茂なすの田楽／Kamonasu-no-Dengaku）

夏、盛夏食欲不振时期食用。

＊＊＊

日本有句俗语“东男京女”（Azumaotoko-Kyouonna），意思是男子数关东，女子数京都。江户时代的东京及关东地区，男多女少，而且是武士社会，因此关东男子帅气、个性比较直爽、做事干净利落、淡泊名利；而京都女子温柔优雅、袅娜纤巧。不过，这其实是京都吴服商界为了抬高京都形象兼促销和服而创出的文宣标语。

京都女子确实很在乎周围人的眼光及闲言闲语，做事很贴心，但也由于太过考虑对方的立场和担忧自己做得不好，有些风俗习惯反倒令外县人觉得摸不着门儿。最有名的例子是到京都人家里做客时，不能全部吃掉对方送上的料理，否则对方会深感不安，以为送上的料理不够让客人吃饱（这点跟中国人有点类似，宁愿点了满桌吃不完的菜，也生怕对方吃不饱）。此外，由于细心，会考虑对方的感受，所以京都女子很难直接说NO。当外县男子想跟京都女子约会时，京都女子即便内心不愿意，也不会直接拒绝，这导致男子以为追求成功，结果在约会地点呆呆等得如同生根的大树，而对方却迟迟不现身。不过，要是她们真陷入恋爱陷阱中，那就完全表里不一，热情得如同火山爆发。

既然是东男京女，那么，东京男和京都女谈恋爱的成功率有多大呢？据说成功率相当低。主要原因在于二者成长环境差异太大，再者与历史背景也有关。我在《字解日本：食、衣、住、游》中曾提到过，大部分京都人都认为自己活在地球的中心，他们对自己出生成长在千年古都引以为傲，而东京虽是日本首都，但毕竟历史仅有 400 多年，而且还不时改头换面，站在京都人的立场来看，东京宛如一个玩兴未减的毛头小子。

举例来说，某个男女相亲综艺电视节目做了个实验，实验主角是东京男子，相亲女子则分别来自北海道、新潟、京都、冲绳。结果，相亲对象中的两位京都女都穿和服，极为出众，但东京男与京都女之间完全无话可谈，其中一位的言谈更令人哑口无言。由于东京男相当有耐性（不愧是武士阶级的后裔），绞尽脑汁聊些自己到京都旅游的感想，不料对方竟以会令人骨头都酥掉的京都腔回说“浅草和札幌都是模仿京都的城市”，言下之意就是东京和其他大都市根本没什么了不起，只会模仿京都。相亲后果当然可想而知，逐渐演变为东京男与京都女之间的自尊心唇枪舌剑。最后相亲成功的是新潟女。

现代年轻人或许对“门当户对”这个词很反感，但我认为古人说得不无道理。此处的“门当户对”并非指双方家庭经济或社会地位等条件相同，而是指当事人的成长过程以及彼此的父母家庭生活方式、门风等要相当。国际婚姻中有众多成功例子的原因，我认为这是因为男女双方于婚前便具有在往后的婚姻生活中，将会发生许多因文化观念不同而起冲突的心理准备，所以彼此比较能容忍对方。

大阪府（おおさかふ / Oosakafu）

人口约 881 万人

大阪府古名“难波”、“浪花”（Naniwa），由“摄津”（Settsu）、“河内”（Kawachi）及“和泉”（Izumi）三国合并而成。紧邻京都府、奈良县等，面积居日本全国倒数第二位，但可居住地面积占总面积约七成，居日本首位，因此人口仅次于东京都，是西日本的经济文化中枢。大阪湾东北岸的府厅所在地大阪市（Oosakashi）亦为日本第二大城，与中国上海市是友好城市。建设在人工岛屿上的关西国际机场通称“关空”（Kankuu），根据英国 Skytrax 航空调查顾问公司每年举办的年度全球最佳机场奖资料，关西国际机场于 2008 年、2009 年均居全球第六位，夺冠最多次的则为香港国际机场，其次是新加坡樟宜机场。以大阪为创作背景的著名小说也不少，例如山崎丰子（Yamasaki-Toyoko）的《白色巨塔》，松本清张（Matsumoto-Seichou）的《砂之器》，谷崎润一郎（Tanizaki-Junichirou）的《细雪》《春琴抄》等。

乡土料理：

箱寿司（Hakozushi）、白味噌汤（白みそ雑煮 / Shiro-miso-Zouni）。

本地人气料理：

御好烧（お好み焼き / Okonomiyaki）、章鱼烧（たこ焼き / Takoyaki）。

“箱寿司”与“押寿司”类似，都是用木框装上醋饭，上层盛鲜鱼、星鳗、鲷鱼、虾等，压成四角长方形，如此即便不当场吃而带回家吃，生鱼片和醋饭的味道均不变。“寿司”的另一个汉字是“鮨”（Sushi），古代中国第一部按义类编排的综合性辞典《尔雅》中说明“肉谓之羹，鱼谓之鮨”，意指肉酱是羹，搅碎的鱼肉为“鮨”；《说文解字》则为“鮨，鱼脂酱也。出蜀中”。从说明文字看来，古代中国的“鮨”和日本的“鮨”是不同种类的食物。“Shiromiso-Zouni”是一种白味噌汤，大阪、京都那一带的白味噌，颜色真的是乳白色，味道比关东地区的白味噌甜。

本地人气料理御好烧和章鱼烧在日本全国各地很常见，而且种类非常多。就我个人口味来说，比起日本的御好烧或意大利的比萨饼，我最喜欢吃华人摊贩卖的葱油饼，所幸现在冷冻

▶ 箱寿司（Hakozushi）

▶ 白味噌汤
（白みそ雑煮 / Shiromiso-Zouni）

▶ 御好烧（お好み焼き／Okonomiyaki）

➤ 章鱼烧（たこ焼き / Takoyaki）

技术进步，我在日本也可以通过网络购得进口自中国厂商的冷冻葱油饼。

* * *

日本著名历史小说家司马辽太郎（Shiba-Ryoutarou）于1923年8月生于大阪府大阪市，他的小学、中学、大学都在大阪度过，除了第二次世界大战时曾被分配到外县，他几乎终身都住在大阪。36岁时荣获直木赏，自此跨入专业作家生活，最后成为国民作家。笔名“司马辽太郎”是“远不及中国史学家司马迁”之意。他于1996年2月骤逝，享寿72岁。由于他写的历史小说具有独特且强烈的主观诠释，在日本文坛通称“司马史观”，虽然他在作品中融入史实或大量参考资料，但他写的作品是百分之百的虚构故事，而非史实；他自己也经常说，所有作品均为虚构故事，千万别当作史实看。《宫本武藏》（Miyamoto-Musashi）的作者吉川英治（Yoshikawa-Eiji，1892—1962）亦为国民作家，生前也时常强调自己写的作品是虚构故事而非史实，由此可见这两位国民历史小说家的厉害，即便写的是虚构历史故事，也能让某些日本读者误以为是史实。

现实生活中的司马辽太郎，有空时会出门旅游采访，其他时间均关在房间里赶稿。他在过世前一个月，仍为了第 43 集纪行系列随笔，前往名古屋桶狭间古战场进行采访，内容是有关日本战国时代织田信长、德川家康等人的历史随笔，回来后不久即骤逝，因此这部书没写完，成为他的最终遗作。司马辽太郎生前将日常生活繁杂琐事全交给司马夫人包办，自己则窝在古今中外的历史洞窟内，一心一意地描绘他的历史“曼荼五彩图”，但偶尔也会离开洞窟到凡尘厨房做饭，这就很有趣了。

据说，司马辽太郎的拿手菜是炒饭和鸡蛋盖饭。炒饭和一般炒饭不一样，是用牛肉、马铃薯、青椒、甘蓝、生姜炒成，调味料是盐、胡椒、酱油、旨味粉。鸡蛋盖饭的做法则很简单，只是把鸡蛋打碎，再加入酱油、砂糖、酒，用小锅煮到半熟程度，最后盖在热饭上即可。吃过这道司马鸡蛋盖饭的出版社编辑都说，美味令人难忘。

兵库县（ひょうごけん / Hyougoken）

人口约 547 万人

兵库县北部古名“但马”（Tajima），是日本本州唯一南北均滨海的县，北临日本海，南接太平洋。县厅所在地神户市（Koubeshi）是港口城市，具有独特的国际色彩，与中国天津市是友好城市，曾在 2007 年入选美国《福布斯》（*Forbes*）杂志的“全球最干净城市排行二十五”名单内，当时居首位的是加拿大卡城（Calgary），亚洲方面只有三个日本城市入选，福井县胜山市（Katsuyamashi）排行第九名，神户市则与福冈县大牟田市（Oomutashi）同为第二十五名。神户市南京町（Nankin-Machi）和横滨中华街是日本两大唐人街。西南部姬路市（Himejishi）姬路城（Himejijou）为日本国宝，亦是世界文化遗产之一。东南部宝冢市（Takaradukashi）有仅限未婚女子加入的宝冢歌剧团，许多日本著名女演员都出自宝冢歌剧团。

乡土料理：

山猪肉火锅（牡丹鍋 / Botannabe）、玉筋鱼钉煮（いかなごのくぎ煮 / Ikanago-no-Kugini）。

本地人气料理：

明石玉子烧（明石焼き / Akashiyaki）、神户牛排（神戸牛ステーキ / Koubegyu-Sute-Ki）。

“牡丹锅”是山猪肉火锅，山猪肉切成薄片盛在大盘子，看上去很像牡丹花，故取名为“牡丹锅”。“Ikanago-no-Kugini”的食材是濑户内海捕获的玉筋鱼（Ikanago）鱼苗，捕获时期自2月末起，仅限1个月，将三四厘米长的鱼苗用酱油、味淋、砂糖、姜等红烧后，因其形状类似生锈的弯铁钉，所以取名为“钉煮”（Kugini），可长期保存。

本地人气料理的“明石烧”正是“章鱼烧”的鼻祖，但当地人不称其为“明石烧”，而通称“玉子烧”（Tamagoyaki）。神户牛（Koube-Gyuu）的正式名称是但马牛（Tajima-Ushi），与滋贺县近江牛（Oumi-Gyu）和三重县松阪牛（Matsusaka-Ushi）并称日本三大高级和牛。神户牛排闻名全世界，其等级审查条

➢ 山猪肉火锅（牡丹鍋 / Botannabe）中的山猪肉片

件极为严格，四五级以上的神户牛肉纹理类似精致的大理石，日语称为“霜降”（Shimofuri），吃起来鲜嫩得可以入口即化，香而不腻，只是价格恐怕也是全世界最昂贵的。

➢ 玉筋鱼钉煮（いかなごのくぎ煮／Ikanago-no-Kugini）

➢ 明石玉子烧（明石焼き／Akashiyaki）

➢ 神户牛排（神戸牛ステーキ／Koubegyu-Sute-Ki）

＊＊＊

在关东人看来，京都、大阪、神户这三大城市是“关西共和国”，但不知为何，这三大城市之间的交情不好。尤以京都人为甚，他们很讨厌外县人视他们为关西人。从我们关东人的地理位置看去，京都不但处于关西，而且三大城市各有特色，是关东人爱去的观光地区，那么既然是同一个“共和国”，京都人为什么老是敌视大阪和神户呢？我去过几次京都，当地人讲的日语明明是关西话，跟关东地区的标准语（相当于中国的普通话）完全不同，何必自命清高呢？不过，借用京都人的话来说明，原因在于大阪时常改街名、町名，是个轻视历史文化的城市；而神户则是个只会虚饰外表、追求时髦的城市。反之，大阪人和神户人则认为京都是个光会死啃先人历史遗产、不事生产的城市。好笑的是，大阪人视神户为“过于时髦舶来的城市”，神户人则认为大阪是个“土里土气的城市”。

回头来看东京，东京有竞争对手吗？关东地区的东京都、神奈川县、埼玉县、千叶县算是东京帝国首都圈，大部分县民于白天都前往东京上班，应该没有所谓的对抗情结吧？答案是NO。东京帝国首都圈中，唯一可以和东京对抗的是横滨。横滨的城市历史虽浅，但在幕府末期或明治时代，许多先进观念均由横滨传入日本，因此横滨人的自尊心比东京人强，日本企业在进行商品促销活动时，也绝不会把横滨看成东京的延长线。举例来说，一个其家族三代都在东京土生土长的人可以自称为“江户子”（Edokko，老东京），但横滨也有“滨子”（Hamakko，老横滨）之称，埼玉县、千叶县则没有类似称呼。

其他地区也有地域性对抗情结，例如九州鹿儿岛过去曾和中央政府打了四次仗，对同样属于“九州共和国”的福冈人心存戒备，认为福冈是中央政府的“狗腿子”。不知是不是历史背景之因，福冈人比较倾向东京，鹿儿岛人则比较倾向大阪。东北地区的山形县和秋田县，自古以来便因海运而和关西地区渊源甚深，有“东北的关西”之称，但山形县与大阪之间关系较亲昵，而秋田县则与京都是老交情，因此这两县的对抗意识也相当重。

奈良县（ならけん / Naraken）

人口约 133 万人

奈良县古名“大和”（Yamato），简称“和州”（Washuu），是位于纪伊半岛中央的内陆县，在日本所有内陆县中，其面积最小，县内可居住面积只占总面积百分之二三，排行全国末位。气候与京都同为盆地气候，冬寒夏热。由于紧邻大阪、京都，有三成左右的居民在白天到大阪、京都上学或上班，这些人通称“奈良府民”（Narafumin），意思是虽为奈良县民，但他们的日常活动范围都在大阪府、京都府，这与埼玉县、千叶县、神奈川县的“都民”（Tomin）同义，所以县内白天和夜间的人口差距很大。县厅所在地奈良市（Narashi）是著名的国际观光城市，每年观光客多达 1300 万人，与中国陕西省西安市是友好城市。奈良公园东西长 4000 米，南北宽 2000 米，大部分是国有土地，不但是日本规模最大的都市公园，园内亦有许多日本国宝和世界文化遗产，全天开放，免费入园。奈良公园最有名的动物是鹿，园内自由放养着 1200 头鹿。

乡土料理：

柿叶寿司（柿の葉寿司 / Kakinohazushi）、三轮素面（三輪素麺 / Miwa-Soumen）。

➢ 柿叶寿司（柿の葉寿司／Kakinohazushi）

➢ 三轮素面
（三輪素麺／Miwa-Soumen）

柿叶寿司是用具有防腐效果的柿叶包裹咸青花鱼或鲑鱼的寿司，吃时通常须剥开叶子，只吃里面的寿司，县内主要车站或特快车内均可买得到。三轮素面是三轮地区的特产挂面，已有 1200 余年历史，夏天可煮成凉面，冬天亦可做成热面。

* * *

根据世界报业协会（World Association of Newspapers，WAN）2008 年调查统计，成人人口中每千人的报纸发行份数居全球第一的是冰岛（883 份），接下来依次为丹麦（467 份）、日本（630 份）、瑞典（601 份）、挪威（580 份）、瑞士（576 份）、中国香港（570 份）、芬兰（549 份）、新加坡（510 份）、中国澳门（491 份）。此外，美国 226 份、法国 205 份、德国 292 份、英国 358 份、韩国 409 份、朝鲜 252 份、中国 108 份、印度 135 份、中国台湾 230 份。由上述数字看来，亚洲地区拥有最多订报人口的国家和地区是日本、中国香港、新加坡、中国澳门；其他排行前十名的大部分为北欧国家。（以上数字均采用四舍五入法）

看了这份统计，我才明白中国香港为何有那么多报纸专栏作家，原来阅报人数多，想必稿费也可以多领一些吧。那么，日本国内呢？根据日本新闻协会 2008 年调查统计，日本全国发行的报纸种类中早、晚报成套的有 43 家，早报 63 家，晚报 15 家，总计 121 家；总发行份数是 5231 万份。

再来看看各县的家庭订报比率，也就是每家平均到底订了几份报纸。结果是奈良县人居首位（1.35 份），其次为群马县（1.20 份）、富山县（1.18 份）、福井县（1.15 份）、山形县（1.14 份）。简单说来，奈良县人每家平均订报份数是 1 份以上，意思是同时订 2 家或 3 家报纸的家庭甚多。这让我想起往昔为了给中国台湾省台北市进出口商业同业公会发行的《贸易杂志》写周刊专栏，我的最高纪录是订了 4 份报纸，所幸日本有用废报纸换卫生纸的制度，否则一天 4 份报纸，积存下来真会令人发疯。

外县人对奈良县人的整体印象是“悠闲自在，有些消极，但具有适应性”。依我过去的经验，订 1 份以上报纸的人，目的是分析每家报纸对同一事件的看法与解说。由于每家报纸的立场不同，有时对同一事件的报道会给人完全不一样的印象，始终固执于一家报纸，会掉入眼光短浅的陷阱。说起来，奈良县的历史文化比京都悠久，但实际前往奈良、京都旅游时，我发现二者的城镇氛围真的不一样，奈良确实会让人觉得悠闲自在。

和歌山县（わかやまけん / Wakayamaken）

人口约 93 万人

和歌山县与三重县南部古名“纪伊”（Kii），简称“纪州”（Kishuu），位于本州最南部，全县面积有 3/4 为丛林，自古以来素有“树国”的雅称，滨海的西侧则为曲折蜿蜒的海岸线。县内盛产水果，橘子、梅子、八朔（Hassaku，学名：Citrus Hassaku）产量均居日本全国首位，另一种柑橘类水果“Jabara”（学名：Citrus Jabara）产量则占全球第一位，全世界只有和歌山县北山村（Kitayamamura）生产此柑橘。县内的熊野三山（Kumano-Sanzan）和佛教圣地高野山（Kouyasan）均为世界遗产之一。南部的县厅所在地和歌山市（Wakayamashi）与中国山东省济南市是友好城市，而位于熊野川河口的新宫市（Shinguushi）则有徐福公园（Jofuku-Kouen），规模虽小，却有徐福墓、徐福石雕像、中国式牌坊……中国色彩极为浓厚，可免费入场，引来不少游客。

乡土料理：

炸鲸鱼肉（鯨の竜田揚げ / Kujira-no-Tatsutaage）、目张寿司（めはり寿司 / Meharizushi）。

“竜田扬げ”是一种油炸方法，是指先将食材浸入由酱油、味淋和料酒混合的调料中调味，然后裹上淀粉油炸。日本目前只有和歌山县一个名叫太地町（Taijichou）的小渔村仍传承着日本古式捕鲸法。此渔村人口只有3000多人，据说往昔是日本商业捕鲸的发祥地，现在只允许利用通过科学调查捕获的鲸鱼的鲸鱼肉。“Meharizushi”写成汉字是“目张寿司”，是一种用腌制的大芥菜包裹白米饭的饭团，本来是农民带到山上或菜田当午饭吃的乡土食品，由于饭团很大，吃时必须把嘴巴张到需瞪大眼睛的程度，而且好吃得令人目瞪口呆，故取名为“目张”。

▶ 炸鲸鱼肉（鯨の竜田揚げ／Kujira-no-Tatsutaage）

▶ 目张寿司（めはり寿司／Meharizushi）

＊＊＊

大部分现代人都知道脚气病是由于缺乏维生素 B1 而引起的一种全身性疾病，通常发生在以精白米为主食的地区，若不及时治疗，有时甚至会导致死亡。日本江户时代直至明治时代，由于不知病因以及治疗方式，人们一直视脚气病为传染病之一，江户幕府三代将军、十三代将军、十四代将军均因脚气性心脏病而骤逝。

明治时代 1894 年 7 月的甲午战争持续了 9 个月，根据当时陆军省医务局编撰的《明治二十七八年役陆军卫生事绩》资料，据说出征人数约 18 万人，战死者 1400 多人，脚气病死者 4000 多人，患者数 4 万多人。而 1904 年 2 月至 1905 年 9 月的日俄战争，日本陆军出征人数约百万人，阵亡者 5 万多人（可能也包括脚气病死者），脚气病死者将近 28000 人，患者数高达 25 万人。

现代有不少专家指称造成此结果的“罪犯”是两次战争均任职陆军军医部长的森林太郎（Mori-Rintarou）。他于甲午战争翌年曾任职总督府军政部军医部长，日俄战争翌年更升任为陆军军医总监，最后爬至军医最高地位的陆军省医务局长职位。夺去众多士兵性命的“罪犯”到底是何方神圣呢？正是与夏目漱石并驾齐驱的明治文豪森鸥外（Mori-Ougai，1862—1922），换句话说，森鸥外的正职是军医，副业是作家。

森鸥外曾到德国留学了 4 年，由于他学的是德国医学，坚持脚气病是细菌感染，并让日本陆军一直吃白米饭、酱菜和汤。然而留学英国 5 年的日本海军军医副总监高木兼宽（Takaki-Kanehiro，1849—1920），基于实证结果，主张脚气病的原因是只吃白米饭而引起的营养不良，从而开始实施面包、白米饭混麦饭的营养餐，结果海军士兵中死于脚气病的人数果然不断减少。海军省医务局编撰的《日清战役海军卫生史》记载，脚气病患者 34 人，病死者 1 人；而《日露战役海军卫生史》则记载脚气病发病者 87 人，病死者 3 人。虽然当时日本陆军中也有人发现麦饭可以预防脚气病，而且专门研究脚气病的中医也提出“原因在白米饭”的报告，可顽固的森鸥外始终拒绝外地兵将提出的提供麦饭的要求，至死一直提倡白米饭至上论，并彻底且严厉地批驳高木。

总之，倘若森鸥外在日本文学史上没留下任何功绩，肯定早被批得一无是处了。他至死都不承认麦饭功效的原因，可能跟当时的日本陆军（专研德国研究医学）与日本海军（专研英国临床医学）之间的内讧问题有关。此外，高木是萨摩派（出生于宫崎县），森鸥外是长州派（出生于岛根县），正是这两派打倒德川幕府并取得革命成功，因此明治新政府的领导也大多是这两派人，政治背景因素相当复杂。不过，尽管当时森鸥外在日本国内毫不留情地攻击高木，日本医学界也冷遇高木，但高木发表的脚气病论文在欧美诸国却大受青睐，他亦是日本第一家私立医科大学创办者。坦白说，就医学方面来讲，后人对高木的评价远超过森鸥外。

「中国地方」

(Chuugoku-Chihou)

鸟取县（とっとりけん / Tottoriken）

人口约 56 万人

鸟取县由“因幡”（Inaba）和“伯耆”（Houki）两国合并而成，东西狭长，面临日本海，面积居日本全国第 41 位，而且九成是山地，人口是全国最少的一县。冬季气候属豪雪地带，夏季日照时间少，县内盛产“二十世纪梨”（Nijisseiki-Nashi）和“深海雪蟹”（Zuwaigani，Snow Crab）。县厅所在地鸟取市（Tottorishi）古时多湖泊、沼泽，有许多天鹅，公元前第十一代天皇在此设置了以打鸟为生的鸟取部，地名沿用至今。鸟取市人口不及 20 万人，市内却有全世界规模最大的液晶工厂，另有闻名全日本的旅游胜地鸟取沙丘（Tottori-Sakyu）和日本神话中的白兔海岸（Hakuto-Kaigan），因此虽为工业都市，但自然环境资源丰富，与中国河北省沙河市、江苏省太仓市是友好城市。西部的境港市（Sakaiminatoshi）是漫画《鬼太郎》作者水木茂（Mizuki-Shigeru）的故乡，车站前有一条长约 800 米的“水木茂大道”，马路上随处摆放着 120 尊妖怪青铜像，两侧都是卖妖怪商品的土产店，非常有趣。

乡土料理：

深海雪蟹味噌汤（かに汁 / Kanijiru）、飞鱼竹轮（あごのやき / Ago-no-Yaki）。

“Kanijiru”是深海雪蟹味噌汤，想吃新鲜的深海雪蟹得在11月至次年1月上旬的捕获期才能吃得到，其他季节均利用冷冻雪蟹，这道料理在县内各种祭典活动中很常见，是当地的家庭料理，亦是当地人引以为自豪的乡土料理。“Ago”是方言，指鸟取县县鱼，即“飞鱼”（Tobiuo），“Ago-no-Yaki”是用新鲜飞鱼制成的“竹轮”（Chikuwa）。飞鱼的捕获期是5月至7月，而“竹轮”是日本传统食品之一，形状为空心圆柱。

***

我有时会突发奇想，人口六七十万人也能称一个县吗？那干脆把鸟取县和岛根县合并成一县，人口不就超过百万人了

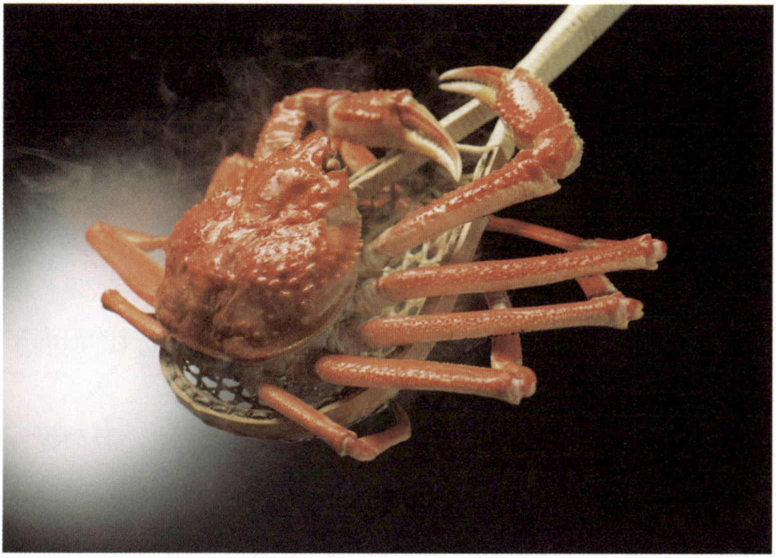

➤ 蟹（かに／Kani）

➤ 飞鱼竹轮（あごのやき／Ago-no-Yaki）

吗？反正“鸟”和“岛”这两个汉字乍看之下非常类似，而且两县毗邻。待我日后实际前往这两县旅游时，才发现我的想法太天真，倘若这两县真的合并成一县，基于两县均为东西狭长的地形，住在东边的人想到西边的话，可能比关东人出国飞往韩国等地更困难，因为路途实在太遥远，而唯一的优点是不像关东地区那般，无论开车到哪儿都会堵车。在这两县的沿海车道开车兜风，是一种享受。

鸟取县的男性做事谨慎，待人客气，有耐性，但消极保守，尤以因幡地区的男性最保守，或许正因为如此，女性为了协助男性，大多刻苦耐劳，西部地区的女性更是开朗大方，行动力很强。明治时代有许多鸟取县人移民到北海道钏路市

（Kushiro）拓荒，所以北海道钏路市有不少冠“鸟取”的地名。此外，鸟取县人的成人教育讲座[①]比率居日本全国第二位（2017年统计）。成人教育与学历无关，而是社会人士主动到各种文化中心接受外语、绘画、书法、插花、茶道、社交舞蹈、摄影、历史等文化讲座的终身学习。鸟取县人的比率是每100万人中有15397个学习班，比日本全国中位数高出将近3倍。

为何鸟取县人如此努力地汲取知识？这跟当地的历史渊源有关。明治四年（1871年），日本新政府为了实施中央集权，废除了地方自治的藩国制。当时日本全国约有300个藩国，废藩置县法令等于一口气解雇几百万武士阶级的藩士，让他们失去世世代代继承的俸禄。此举可说是明治维新中最具魄力的改革政策。鸟取藩是个拥有因幡、伯耆两国的大藩，谷物年产量约325000石（1石为10斗、100公升），藩内另有2个支藩。这些藩士失去祖产、职业后，由于藩内没有多余农地让他们转行成为农民，他们只得靠知识为生（武士阶级在当时是知识分子），此风土习惯似乎仍保留在现代鸟取县人身上。

---

① 成人教育讲座是指20岁以上，65岁以下的县民报名参加的学习班。——作者注

岛根县（しまねけん / Shimaneken）

人口约 67 万人

岛根县由“出云”（Izumo）、“石见”（Iwami）和“隐岐”（Oki）三国组成，北临日本海，历史悠久，风景秀丽，东部出云地区是古代日本最发达之地，亦是日本神话舞台，具有浓厚的神秘色彩。日本最古老的神社之一“出云大社”（Izumo-Taisha）是著名的姻缘神社，每年 10 月的“神无月”（Kannaduki），日本全国 800 万神灵都会聚集在此地当月下老人。战国时代后期至江户时代初期，日本国内规模最大的银矿山“石见银山”（Iwami-Ginzan）是世界文化遗产之一。县厅所在地松江市（Matsueshi）是水乡，夹在日本第七大湖宍道湖（Shinjiko）与第五大湖中海（Nakaumi）之间，市内有古城松江城（Matsuejou）和小泉八云（Koizumi-Yakumo）旧居，亦有《枕草子》描述的日本三名泉之一的玉造温泉（Tamatsukuri-Onsen），与中国浙江省杭州市、吉林省吉林市、宁夏回族自治区银川市是友好城市。

乡土料理：

出云荞麦面（出雲そば / Izumo-Soba）、蚬贝汤（しじみ汁 / Shijimijiru）。

“Izumo-Soba”是出云荞麦面，闻名全日本，面条色泽比

➢ 出云荞麦面（出雲そば / Izumo-Soba）

➢ 蚬贝汤（しじみ汁 / Shijimijiru）

一般荞麦面黑，香味亦浓，嚼头十足。“Shijimijiru”是蚬贝汤，宍道湖特产的“大和蚬”（Yamatoshijimi）既黑又大，是宍道湖七珍之一，可煮成清汤，亦可做成味噌汤。

* * *

岛根县县花是牡丹，东部中海的大根岛（Daikonjima）更是闻名全日本的牡丹花产地。大根岛很小，东西 3.3 千米，南北 2.2 千米，全岛周长仅有 12 千米。由于地质是火山灰弱酸性土壤，很适合栽培牡丹，其栽培历史已有 300 余年。由于牡丹品种改良技术发达，目前大约有 250 个品种，牡丹苗产量居全世界第一，年产量约 180 万株，其中 30% 均出口至中国、美国、荷兰等国家。除了牡丹，当地亦是日本三大人参产地之一，其他两地是长野县丸子町和福岛县会津若松市。我记得以前几度到会津若松市旅游时，看过许多卖人参的小贩，当时小贩对我说，韩国卖的人参有不少是自日本进口再冠上“高丽人参”品牌的。我不知道小贩说的到底是真是假，总之，会津若松市确实是日本国内著名的人参产地之一。

岛根县人一般都很勤奋，尤其岛根县女性算是日本仅存的“大和抚子”（Yamato-Nadeshiko）。“大和”当然是指大和民族，“抚子”是石竹花，表示外柔内刚的女性，亦为日本男性憧憬的女性形象。往昔曾流行过一句俗话：“住美国洋房，吃中国菜，娶日本妻子。”这句俗话中的“日本妻子”指的正是“大和抚子”。不过，这算是百年前的落伍观念了，“大和抚子”在现代日本早已成为“稀有生物”，但岛根县出云那一带的女性大部分都有资格冠上“大和抚子”之称。这也跟当地的历史渊源有关。

大和民族于 4 世纪末征服出云那一带之前，出云已自成一个小国家，具有独立的文化。之后，一直隐没在大和朝廷历史舞台幕后，明治维新以后，也因其地理位置而与外界交流甚少，因此保存了许多古代风俗，女性受外界影响较少，从小就接受三从四德的家庭教育，婚后大都能忍耐丈夫的恶行，所以离婚率亦居日本全国倒数第二位（离婚率最低的是新潟县）。她们对异性的条件要求不高，通常比较喜欢跟同县男性结婚，也就是她们从小接触习惯了的爸爸形象的男人——做事认真、行动稳重、具有知性。

冈山县（おかやまけん / Okayamaken）

人口约 189 万人

冈山县古名“吉备”（Kibi），分为“美作”（Mimasaka）、“备前”（Bizen）和“备中”（Bicchuu）三国，南部面临濑户内海（Setonaikai），县内有 90 多个大小岛屿，名胜古迹很多，是日本民间故事桃太郎的发源地。县厅所在地冈山市（Okayamashi）有日本三名园之一的后乐园和古城冈山城（Okayamajou），与中国河南省洛阳市是友好城市。毗邻的仓敷市（Kurashikishi）保存众多日本传统建筑物，连接日本本州、四国的濑户大桥（Seto-Oohashi）也在此。横沟正史（Yokomizo-Seishi，1902—1981）的《金田一耕助》（Kindaichi-Kousuke）系列作品，故事背景多为冈山县。

乡土料理：

冈山寿司（岡山ばら寿司 / Okayamabarazushi）、沙丁鱼握寿司（ままかり寿司 / Mamakarizushi）。

“Okayamabarazushi”是在醋饭上盛上许多海鲜时蔬，类似散寿司，别称“冈山寿司”，是当地人逢喜事时不可或缺的乡土料理。“Mamakari”是“好吃得必须到邻家借饭”之意的方言，是一种用寿南小沙丁鱼（Japanese Shad）做成的握寿司，最美味的时期是在沙丁鱼产卵前的 6 月。

➢ 冈山寿司（岡山ばら寿司 / Okayamabarazushi）

➢ 沙丁鱼握寿司（ままかり寿司 / Mamakarizushi）

＊＊＊

内田百闲（Uchida-Hyakken，1889—1971）是冈山市大财主酿酒铺的独生子，小时候深受祖母和母亲溺爱，过惯饭来张口、茶来伸手的日子，或许是这种娇生惯养的环境造成他日后任性豪侈的个性。高中时因父亲过世，家道中落，明明家中经济不好，却改不掉今朝有钱今朝花的习性，导致他终身被穷神附体，是日本文坛著名的告贷狂。有趣的是，他从来不向有钱人借钱，而是专找比他更穷的人借钱。

画伯津田青枫（Tsuda-Seifuu，1880—1978）曾在随笔《百鬼园的啤酒费》中抱怨内田百闲。内田百闲在横须贺海军机关学校任职德语教师时，有一天下班后他搭电车到江户川终点站，在车站前又坐人力车回家。内田到家后，因口渴而问妻子有没有啤酒可喝，妻子说没有，他就在名片上写了借条叫妻子前往住在同一町内的津田家借钱。内田要借一圆二十钱，而当时津田家只有二圆九十钱，如果借出一圆二十钱，津田家便只剩一圆七十钱，结果津田夫人借给内田夫人一圆。津田愤慨地说："跟内田相比，我只是个穷画家，他算是大名（诸侯）身份，哪有身为大名身份的人竟为了啤酒费而向后辈穷画家借钱的？"但津田骂归骂，仍把辛辛苦苦存下的生活费借给内田买啤酒喝，可见内田百闲的"借钱癖"虽让周遭人头痛，却没人打心底嫌弃他。用现代的词语来比喻的话，内田应该是那种令人哭笑不得的天然呆性格，这大概跟他的成长环境有关。大凡在优渥家境成长的人，心思都比较单纯，说话做事没心眼儿，胸无城府，反而不会惹人嫌。

内田百闲于 21 岁时成为夏目漱石的门生之一，但他或许自知永远无法超越夏目漱石与同为夏目漱石弟子的后辈秀才芥川龙之介，因此年轻时虽也写过小说，不过其著名作品大部分是与吃食、烟酒、旅游、哭穷、爱猫有关的随笔集。他在 44 岁时才出版了印刷 10 余次的畅销作《百鬼园随笔》，之后辞掉教职，专职写作。“百鬼园”（Hyakkien）是他自己取的别号。

这位文笔幽默的老先生，虽然写了不少与吃食有关的随笔，却并非真正的美食家，只是贪嘴好吃而已。或许正因为并非美食家，他的饮食随笔中从来不提食物的历史、来源、知识，也不提必须花大钞才吃得到的山珍海味，而是随想随写。既然是写饮食随笔的文士，他当然也会下厨，亦有自己发明的创新料理。其中他最拿手也最喜欢的下酒菜是“马铃薯炸丸子”，做法是先将马铃薯煮熟后碾碎，加盐、胡椒调味，揉成大拇指大小的丸子，再依次蘸面粉、蛋汁、面包粉，最后油炸。用现代常见的食品来类比，就是介于可乐饼和薯条之间。我个人不喜欢吃可乐饼，更讨厌吃薯条，总之，基本上不吃马铃薯之类的料理，但用这种制法现炸现吃的话，确实可以连续吃一二十个都没问题，可以作为夏天喝生啤酒时的最佳下酒菜。小朋友可以蘸番茄酱当零食吃。

广岛县（ひろしまけん / Hiroshimaken）

人口约 280 万人

广岛县西部古名“安芸”（Aki），东部古名“备后”（Bingo），位于冈山县左邻，同样面临濑户内海，县内有 140 多个岛屿，西部有两处世界文化遗产严岛神社（Itsukushima-Jinja）和原爆圆顶（Gennbaku-Do-Mu，原爆ドーム），国际知名度非常高。县厅所在地广岛市（Hiroshimashi）是日本国内反核与和平活动的中心地，与中国重庆市是友好城市。东部福山市（Fukuyamashi）有座东西长 10 千米、南北宽 10 千米的沼隈半岛（Numakuma-Hantou），半岛南端有个小海湾，名为“鞆の浦”（Tomo-no-Ura），那一带的国立公园是日本国家指定名胜，风景非常优美。据说宫崎骏极爱此地景色，于 2005 年春季在此租了一栋房子，过了两个月的自炊日子，三年后再以此为背景，制作了票房超过 1200 万人次的动画《崖上的波妞》。

乡土料理：

牡蛎土手锅（牡蠣の土手鍋 / Kaki-no-Dotenabe）、星康吉鳗盖饭（あなご飯 / Anago-Meshi）。

本地人气料理：

广岛风御好烧（廣島風お好み焼き / Hiroshimafu-Okonomiyaki）。

广岛盛产牡蛎，产量居日本全国首位。广岛的著名乡土料理“牡蛎土手锅”跟一般火锅不一样，是先在砂锅内侧涂上一层类似“土手”（Dote，河堤）的味噌，锅内放牡蛎、豆腐、蔬菜，煮熟后准备吃时再将味噌搅拌至锅内来调味。“Anago”是星康吉鳗（学名：Conger Myriaster），“Anago-Meshi”跟鳗鱼盖饭类似，不过脂肪比鳗鱼少。

本地人气料理的“广岛风御好烧”和关西地区的御好烧不同，特色是煎成两片薄皮，中间再夹炒面或炒乌冬面，分量大，蘸酱甜浓。

➢ 牡蛎土手锅（牡蠣の土手鍋／Kaki-no-Dotenabe）

➤ 星康吉鳗盖饭（あなご飯／Anago-Meshi）

➤ 广岛风御好烧（廣島風お好み焼き／Hiroshimafu-Okonomiyaki）

＊＊＊

提到广岛，我首先联想到的并非世界遗产之一的原爆圆顶，而是与日常生活息息相关的百元商店。百元商店的龙头老大是大创（Daiso）产业，总公司在东广岛市。除了日本国内，在韩国、新加坡等国家和中国香港、中国台湾等地区均有分店，国内连锁店总计约 3300 多家，海外 27 个国家与地区约有 2000 多家分店（2020 年统计）。位于千叶县船桥车站旁的店铺占地 2000 坪、门市地上六楼地下一楼，已经超越百元商店的规模，足以与百货公司媲美。大创的商品大致有 7 万种，据说都是自家独创商品，而且每个月有 800—1000 种新商品上市，所以消费者即便看中某个商品，但下次到商店去买时可就不一定能买得到了，因为很可能已经作废并换成其他新商品了。我是大创的老顾客，经常去买文具、园艺、厨房用品等，尤其是剪刀、裁纸刀或不锈钢刀叉盘子类的商品，每每我都暗地赞叹他们怎么能把质量不输于国际名牌的商品价格压到如此之低。

除了日用品，大创也参与出版，其最畅销的出版物是地图。虽然是阅读物，但大创依然不改出手大方的惯例，第一版便是 600 万册。保存这些商品的库存仓库散见于全国各地，库存量相当于 16 个东京巨蛋。那么地图以外的读物呢？例如推理小说系列，第一版便是 10 万册。推理小说中不但有已经绝版的小说，也有著名作家以其他笔名写的小说。一般说来，即便拥有多数固定读者的推理作家，非系列书籍的单行本（Tankoubon）初版（通常是精装本）大多只印刷数千册而已，倘若卖得好，之后再制成可以随身携带的廉价迷你文库本（Bunkobon），若销量不好，几年后便会落入绝版的命运。可想而知，作者拿已经绝版的作品到大创自荐，或著名作家用其他笔名赚外快的例子也就不足为奇了。另一种畅销品是迷你辞典、旅游导览、料理指南、运势占卜之类的书籍，这类书籍不但内容丰富，还有很多彩照。

我平日都尽量克制自己不要去逛百元商店，因为那地方会上瘾，明明只是想去买些无关痛痒的小玩意儿，预算也顶多不到 1000 日元，结果挽着篮子到收银台结账时，总会发现原来我买了二三十件东西。有些的确是家中刚好缺用的，但大部分都是“或许哪天用得着”的小玩意儿。而这些“或许哪天用得着”的小玩意儿又往往是“永远用不着”的小玩意儿。虽然我时常警告自己少逛为妙，然而，悲哀的是，我始终无法抵挡百元商店的诱惑，如今仍是大创的老顾客之一。

山口县（やまぐちけん / Yamaguchiken）

人口约 136 万人

山口县东部古名“周防”（Suou），西北部古名“长门”（Nagato），位于本州岛最西端，三面环海，北临日本海，南滨濑户内海，紧邻九州的西侧是“响滩”（Hibikinada），自古即为水产大国。气候温暖，台风、洪水、地震等灾害较少，海岸线长达 1500 千米，三面海岸景色均各有千秋，沿海、近海分布近 240 个岛屿。总面积约七成是森林，县名“山口”的意思是“山地、森林入口”。古名“长州藩”（Choushuuhan），与鹿儿岛县“萨摩藩”（Satsumahan）同为明治维新的主导国，山口县政治家、首相辈出，光是首相就出现过 8 人。明治维新之前是农业县，现在则为工业县。下关市（Shimonosekishi）是著名观光地区，年观光客超过 600 万人；县厅所在地山口市（Yamaguchishi）则为温泉乡，与中国山东省济南市、滨州市邹平县是友好城市。

乡土料理：

河豚料理（Fugu-Ryouri）、岩国寿司（Iwakunizushi）。

下关市盛产河豚，已有 3000 多年历史，产量占日本全国的八成。河豚的料理方式多种多样，最有名的是“薄作り”（Usudukuri），将河豚肉切成透明的薄薄小片，菊花般地摆放在青花纹大圆盘上，非常漂亮；价格最昂贵的则是河豚精巢“白

▶ 河豚料理（Fugu-Ryouri）

➤ 河豚锅（Fugunabe）

子”（Shirako）。“岩国寿司”是日本所有押寿司中最豪放也最华丽的一种，盛寿司的木框约 60 厘米见方，高 50 厘米，最多一次可做 150 人份，通常是 3 层或 5 层。据说岩国寿司起初是藩主为了让藩士可以带进山城当午饭便当，命藩御厨发明出来的，因此别称“殿样寿司”（Tonosamazushi），殿下大人寿司之意。

* * *

日本人一提到河豚，必定会联想到下关市。前面提过下关市河豚产量占日本全国的八成，此处的“产量”并非等于渔获量，而是指聚集加工量。真正的天然河豚捕获量居日本全国第一位的是长崎县，其次是福冈县、爱媛县、熊本县，第五位才

➤ 白子（Shirako）

➤ 岩国寿司（Iwakunizushi）

是山口县；养殖河豚渔获量居全国首位的也是长崎县，其次是熊本县、爱媛县、香川县、鹿儿岛县……山口县居第八位。那为何其他县的河豚都聚集在下关市呢？因为河豚有毒，须由具有特殊加工技术与拥有专门知识经验的人来处理，而此技术又非一年半载便能习得。基于日本的河豚历史渊源（请参考《江户日本》中《河豚与偷情》一文），这些技术人员都在下关市，因此尽管其他县的河豚捕获量比山口县多，也只能把河豚送到下关市加工处理后再出货上市。

下关市另有一项闻名全日本的食品——瓶装酒渍海胆酱。下关市并非海胆盛产地，海胆产量居日本全国首位的是北海道，山口县居第五位，而且两者之间的产量差距是 16 倍。那为何下关市的加工海胆产量居日本全国首位呢？理由跟河豚一样，均因为加工技术。下关市西北边海上有个离陆地 5 千米左右的小岛，名为六连岛（Mutsurejima），面积仅有0.69平方千米，岛上有竣工于1872年的日本第一座灯塔，这座灯塔亦是下关市指定文化财[①]，而此小岛正是海胆加工的发祥地。

话说六连岛灯塔竣工后，许多外国船只频繁出入下关市。某天，有几位外国人前往六连岛的寺院，与寺院住持吃饭聊天，其中一位外国人在倒酒时，不小心把酒洒入住持的小盘子，小盘子内盛的正是新鲜海胆。住持默不作声照旧与客人谈笑，后来吃了那盘被客人误洒入酒的海胆，住持才发现浸了酒精的海胆非常美味。这就是六连岛海胆酱的起源。由于是加工产品，所以日本全国各地超市都能买得到以独特秘方制成的七角形瓶装六连岛海胆酱。

① 文化财，指日本的文化遗产。——编者注

「四国」
(Shikoku)

德岛县（とくしまけん / Tokushimaken）

人口约 73 万人

德岛县位于四国东部，古时盛产粟子（小米），因此古名称为“粟 / 阿波”（Awa），日本传统艺能之一的“阿波踊”正是出自德岛。发音与“阿波踊”一样的德岛土鸡“阿波尾鸡”（Awaodori），其上市量、市场占有率均超过日本三大名土鸡（名古屋土鸡、秋田县比内鸡、九州萨摩土鸡），居全国首位。县厅所在地德岛市（Tokushimashi）有水都美誉，市内有 138 条河川，为四国地区规模最大的都市，与中国辽宁省丹东市是友好城市。县内最著名的旅游景点是鸣门海峡（Naruto-Kaikyou），由于太平洋和濑户内海水位相差 1 米以上，海峡宽度又很窄，会发生时速 13—15 千米的潮流以及最大直径约 20 米的漩涡。自游览船或海峡上的吊桥大鸣门桥（Oonarutokyou）可以看到漩涡。

乡土料理：

荞麦粒稀饭（蕎麥米雜炊 / Sobagome-Zousui）、刺鲳鱼寿司（ぼうぜの姿寿司 / Bouze-no-Sugatazushi）。

“荞麦米”是将荞麦种子煮熟晒干再脱壳的荞麦粒，“杂炊”是稀饭、泡饭。德岛县不适合种稻，往昔通常以荞麦代替稻米，但直接用荞麦粒煮成稀饭则是德岛县独特的吃法。据说起源是

➤ 荞麦粒稀饭（蕎麥米雑炊 / Sobagome-Zousui）

平安时代末期源平合战时，败给源氏（源赖朝，Minamoto No Yoritomo）的一部分平氏（平清盛，Taira No Kiyomori）武士集团潜逃至德岛县三好市，因思念京城遂用荞麦粒做成元旦料理。如今荞麦粒已成为全国性健康食品，“荞麦米杂炊”则成为传承千余年的德岛县乡土料理。“Bouze”是方言，亦即关东话的“エボダイ / Ebodai”，中文是刺鲳；“姿寿司”（Sugatazushi）是留下整条鱼形的押寿司，这种寿司在德岛县车站前或超市里很常见，是德岛县人的家庭料理之一。

＊＊＊

日本有三条每年都会因洪水而泛滥的河川。第一条位于关东平原，全长 322 千米，流域包括长野县、群马县、栃木县、

▶ 刺鲳鱼寿司（ぼうぜの姿寿司／Bouze-no-Sugatazushi）

茨城县、埼玉县、千叶县和东京都的利根川（Tonegawa）；第二条是九州地方规模最大，全长 143 千米，流域包括熊本县、大分县、福冈县和佐贺县的筑后川（Chikugogawa）；第三条则为四国的吉野川（Yoshinogawa），全长 194 千米，流域包括德岛县和高知县。有趣的是，此三条河川各有别称，利根川通称“坂东太郎”（Banndoutarou），筑后川通称“筑紫次郎（二郎）”（Chikushijirou），吉野川通称“四国三郎”（Shikokusaburou）。由太郎、次郎、三郎之昵称也可以猜得出日本人将此三河川比喻为三兄弟，而且是狂暴得没人能驯服的三兄弟。据说这三个通称在江户时代便有了，“坂东”指的是关东地区，太郎是长男；“筑紫”是筑紫平原，次郎是老二；四国的吉野川则是老幺。但这三个通称并非表示它们的河川长度、流域面积分别居日本全国第一位、第二位、第三位，而是指它们的狂暴性。

三兄弟中排行老幺的吉野川，水质优良，是淡水鱼女王香鱼的养殖名产地。由于用的是成分与天然香鱼吃的藻类很相近的高级饲料，所以即便是养殖香鱼，味道与天然香鱼无异，算是半天然香鱼。

德岛县人很勤奋，善于存款，不喜负债，但在健康方面则出手豪阔。根据日本总务省统计，德岛县人的保健医疗费居日本全国首位，讽刺的是，死于糖尿病的人口比率也居全国首位，高血压死亡人数居全国第三位，癌症死亡人数居全国第十三位。德岛县人是现实主义者，而且根据NHK调查统计，县民彼此间的竞争意识非常强烈，不知是否因此，德岛县的女性社长人口比率居日本第一。可能是因为县民彼此间竞争意识过于强烈，所以疾病死亡率也较高吧，唯一能发泄平日积压的精神压力的活动正是闻名全日本的“阿波踊”祭典。而日本最长寿的地区冲绳县，所花的保健医疗费反倒居全国倒数第一位。

香川县（かがわけん / Kagawaken）

人口约 96 万人

香川县北部滨濑户内海，地形呈半月形，海岸线长，有众多小岛，其中以盛产橄榄的小豆岛（Shoudoshima）最有名，是日本国内面积最小的县。濑户内海有 3000 座岛屿，小豆岛是第二大岛，岛上有海拔 817 米的星城山（Hoshigajousan），在山顶上可以瞭望濑户大桥、大鸣门桥、明石海峡大桥。香川县最著名的旅游景点正是濑户大桥，由 2 座斜张桥、3 座吊桥和 3 座桁架桥组成，大桥在海中连接 5 座小岛，非常壮观，其中最长的吊桥长达 1100 米。县厅所在地高松市（Takamatsushi）与中国江西省南昌市是友好城市。

乡土料理：

赞岐乌冬面（讃岐うどん / Sanuki-Udon）、甜豆沙麻薯汤汁（あんもち雑煮 / Anmochi-Zouni）。

香川县古名“赞岐”（Sanuki），县民特别爱吃乌冬面，每人一年的平均消费量约 230 碗，居日本第一，乌冬面的产量也居日本全国首位。“赞岐乌冬面”在日本是名牌乌冬面，很有嚼劲，有各式各样的吃法。“Anmochi”是甜豆沙麻薯，“杂煮”是日本家庭的元旦料理汤汁，但香川县的甜豆沙麻薯元旦汤汁很特殊。据说江户时代香川县的特产是“三白”：砂糖、盐、棉

➤ 赞岐乌冬面（讃岐うどん / Sanuki-Udon）

花，其中砂糖是幕府的进献品，一般庶民很难买得到，因此便在元旦料理汤汁中放入甜豆沙麻薯以解馋。调料是白味噌，配料是胡萝卜、白萝卜，中央放个甜豆沙麻薯，就一般日本人看来，这确实是一道很罕见的元旦料理汤汁。听说香川县人跟其他县人结婚后，夫妻俩通常会在第一年的元旦因"杂煮"味道不同而吵架。

* * *

香川县可以说是现代日本的缩影，虽然其面积是日本全国最小的一县，人口密度却很高，县民做事不会出大差错，万事

➤ 甜豆沙麻薯汤汁（あんもち雑煮／Anmochi-Zouni）

都能抓住要领，待人接物态度亲切，领会能力强，具有合作精神，有进取心……简直是现代整体日本人气质的代表。有不少外国人以为东京人代表整体日本人，但东京其实是个混血城市，三代都住在东京，并且从未到外县工作的人，只占东京总人口的10%左右。说起来，东京跟其他国家的大都市一样，大部分的新东京人均为冷静的合理主义者，不喜干涉他人的私生活，更不喜他人干涉自己的私生活，虽然外表看来善于社交，却鲜少吐露自己的内心世界。又因为东京是最新信息与知识的聚集地，新东京人总是怀有一种必须时常吸收新知识的强迫观念，正因为这种孤独感，才会萌生闻名全世界的"Otaku"① 文化。

香川县人也很会存款，县民间竞争性亦很强，不过他们不像德岛县人那样彼此彻底隐藏真心话，再暗中扯后腿或放暗箭。香川县人喜欢从事单独一人便能成大业的技术性职业，例如工艺品之类的。此外，可能基于地狭人多，他们对教育非常热心，

① Otaku，一般指御宅族。广义的御宅族指热衷于各种亚文化，并对该文化有极度深入的了解的人，如"音乐宅""摄影宅"，等等。狭义的御宅族指沉溺、热衷或博精于动漫和电子游戏的人。——编者注

尤其是女性，即便学历再高，在县内也缺乏可以发挥能力的职场，只能早婚，把心力全花在教育儿女上，因此香川县的学生学习力居日本全国第一。在香川县的风俗习惯中，唯一跟日本格格不入的正是他们的甜豆沙麻薯元旦汤汁，一般日本人听到这种元旦杂煮，通常都会皱起眉头感觉很不可思议。

不过若想跟香川县人交朋友，方法很简单，只要向对方请教有关乌冬面的问题即可。因为一提起乌冬面的话题，每个香川县人会当场化身为乌冬面评论家，解说兼批评，谈得头头是道。当然此时绝不能提起关东地区的酱油味乌冬面，对他们来说，关东人吃的柴鱼酱油汤汁乌冬面根本不值一文。

爱媛县（えひめけん / Ehimeken）

人口约 134 万人

爱媛县北滨濑户内海，西临宇和海（Uwakai），四周有 200 多座岛屿，海岸线复杂绵长，变化多端，风景秀丽，尤以宇和海那侧因铁路、公路交通网不发达，观光开发迟缓，留下许多未经人工破坏的自然景观。县内盛产奇异果和伊予柑（Iyokan），二者产量均居日本全国第一。“伊予”（Iyo）是爱媛县古名，虽然在日本算是南国，但因其南部有陡峭的四国山地（Shikokusanchi），所以冬季也会下雪，而且中部内陆地区的久万高原（Kumakougen）因海拔高，降雪量大，还有滑雪场。县厅所在地松山市（Matsuyamashi）不但有建在海拔 132 米高山顶上的国定重要文化财产松山城（Matsuyamajou），而且有具有 3000 年历史的道后温泉（Dougo-Onsen）。夏目漱石的《少爷》和司马辽太郎的《坂上之云》均在道后温泉构思撰写。

乡土料理：

宇和岛鲷鱼饭（宇和島鯛めし / Uwajima-Taimeshi）、杂鱼天麸罗（じゃこ天 / Jakoten）。

宇和岛市（Uwajimashi）位于爱媛县南部，是日本著名的斗牛城市，但日本的斗牛与作为西班牙国技的斗牛不同，是牛与牛互斗，通常利用牛角彼此推挤角力再定输赢。“Taimeshi”

是鲷鱼饭，用从宇和海捕获的新鲜鲷鱼做成生鱼片，再掺和特制作料、生鸡蛋、海藻、碎紫菜、芝麻、葱花，最后盛在热饭上。另有一种把整条鲷鱼放入白米饭中一起煮熟的鲷鱼饭。“Jakoten”写成汉字是“杂鱼天”，亦即杂鱼天麸罗，但关西地区的天麸罗指的是油炸鱼板，而爱媛县的“杂鱼天”食材是非常高级的“萤杂鱼”（Hotarujako），学名是 Acropoma Japonicum，中文是“日本发光鲷”。“杂鱼天”是将“萤杂鱼”去掉鱼头和内脏后，再连皮带骨磨碎制成鱼浆，最后油炸而成。

➤ 宇和岛鲷（宇和島鯛／Uwajima-Tai）

➢ 宇和岛鲷鱼饭（宇和島鯛めし／Uwajima-Taimeshi）

➢ 杂鱼天麸罗（じゃこ天／Jakoten）

＊＊＊

从外县人的角度来看，四国四兄弟的老大是爱媛县，老二是香川县，但这句话绝不能在香川县人面前说出，因为香川县人认为四国最大的城市是高松市，而非爱媛县的松山市。至于当事者的爱媛县人则不会跟香川县人争论，他们的文化意识非常高，是日本数一数二的俳句王国，松山市更是文人墨客聚集的城市，而且自然环境占优势，温泉、美食、历史文化、明媚风光都聚集在爱媛县。

事实上爱媛县作家、歌人、俳人、艺术家辈出，诺贝尔文学奖获得者大江健三郎（Ooe-Kenzaburou）、大正时代浪漫插画家高畠华宵（Takabatake-Kashou，1888—1966）、闻名全世界的建筑家丹下健三（Tange-Kenzou，1913—2005）、日本国内小说销量最高的《在世界的中心呼唤爱》的作者片山恭一（Katayama-Kyouichi）、推理小说作家天童荒太（Tendou-Arata）、大江健三郎的妹婿电影导演伊丹十三（Itami-Juuzou，1933—1997）等人均为爱媛县人。县内气候温暖，县民气质是典型的南国人，比冲绳县人更南国。整体竞争意识不强，视爱好、娱乐为重，闲暇时间都花在文艺、俳句、娱乐、户外活动上。

附带一提，往昔艺伎游戏中最有名的“野球拳”（Yakyuuken），亦即现今的脱衣猜拳游戏，发明者正是爱媛县民。不过，爱媛县的正宗“野球拳”玩法并非脱衣猜拳游戏，而是类似德岛县“阿波踊”那种团体祭典舞蹈。总的说来，爱媛县可以说是洗练高雅的成熟的文化县。

高知县（こうちけん / Kouchiken）

人口约 70 万人

高知县古名“土佐”（Tosa），南临太平洋，其山地面积占全县总面积百分之八九，天灾多发，实为山国。西部有日本最后一条清溪“四万十川”（Shimantogawa），全长 196 千米，是四国地区第二大河。县内年日照时间超过 2000 个小时，与宫崎县分列日本第一、第二，在日本全国 47 个县中，仅有这两县年日照时间超过 2000 个小时，比南国冲绳县还要多，而且高知县年降水量亦居日本首位。县内总产值居日本倒数第二，县民平均收入居日本倒数第三，是个经济规模很小的自治县，县财政指数居日本末位。农业发达，茄子、短小绿辣椒、姜、蘘荷、香橙、柚子等产量均居日本首位，百合产量则居日本第二位。县内志士辈出，如明治维新的倒幕英雄坂本龙马（Sakamoto-Ryouma）正是土佐人。当地的土狗四国犬（Shikokuken）也很有名，是国家指定的天然纪念物[①]。县厅所在地高知市（Kouchishi）与中国安徽省芜湖市是友好城市。

① 天然纪念物是指本身拥有突出独特的价值，又因其固有之稀少而具备代表性的自然特质或文化意义的地理事物，包括动物植物、地形地貌、遗址遗迹，等等。——编者注

乡土料理：

半烤鲣鱼（かつおのたたき / Katsuo-no-Tataki）、皿钵料理（Sawachi-Ryouri）。

“Katsuo”是鲣鱼，亦是高知县的县鱼。“Tataki”是将带皮的厚鱼块用火烤熟表皮，再放进冰水里泡，让肉质紧绷，最后切成生鱼片，撒上大量葱花、蒜泥、紫苏、山椒叶、蘘荷等香辛料，蘸着橙醋吃，这算是一种半生鱼片料理。但高知县的“Tataki”为了保持食材旨味，通常不放进冰水里泡，而是放入微温的水里，别称“土佐造”（Tosadukuri）。由于鲣鱼腐败速度快，先用火烤一次表皮，不但能保鲜，亦能将鱼皮烤软，这种做法起源于渔夫料理。“皿钵料理”是用直径 40 厘米以上的大盘子，盛入生鱼片、红烧料理、寿司、水果、甜点，让客人自己夹取到小盘子内，类似饭店的自助餐。

➢ 半烤鲣鱼（かつおのたたき / Katsuo-no-Tataki）

➢ 皿钵料理（Sawachi-Ryouri）

* * *

坂本龙马于 1864 年在京都与阿龙认识后，两人坠入情网，并介绍阿龙到寺田屋（Teradaya）旅馆工作。该年正月，龙马在寺田屋遭捕吏袭击，当时阿龙正在洗澡，身上只穿了一件浴衣，半裸地跑到二楼向龙马告急。龙马身边虽有个护卫，无奈寡不敌众，遭捕吏砍伤双手手指，伤势不轻，之后同阿龙逃到萨摩藩邸。侥幸躲过一难的龙马和阿龙结婚后，两人前往鹿儿岛旅游兼养伤，据说此行亦为日本最早的蜜月旅行。

抵达鹿儿岛后，有人劝他们到温泉疗养，夫妻俩就在两处温泉逗留了一阵子，接着移至雾岛（Kirishima）温泉探望萨摩藩总领小松带刀（Komatsu-Tatewaki，1835—1870）。这时阿龙心血来潮说想爬雾岛山，由于不能带米饭登山，小松便让龙马夫妻带着长崎蛋糕，到山上时可用来充饥。当时是幕府末期，长崎蛋糕已流通于市面上，是常见的西式甜点之一。

翌年十一月，坂本龙马在京都酱油商近江屋（Oumiya）仓房二楼遭刺客暗杀身亡，享年 32 岁。据说当晚坂本龙马打算吃斗鸡火锅，待用人买了鸡肉回来时，房内只留下暗杀后的惨状现场，龙马则躺在血泊中，昏迷不醒，不久即断气了。

龙马当晚打算吃的斗鸡火锅是土佐特有的铁锅料理，做法是先在铁锅内铺上一层蒟蒻，再放入洋葱、葱、冬菇等蔬菜，用酱油、砂糖调味，最后放入鸡肉煮熟，之后倒酒煮成汤汁，吃时蘸生鲜蛋汁，跟现代的日本牛肉寿喜烧火锅类似。明治 20 年代普及的亲子丼（Oyakodon，鸡肉鸡蛋盖饭），其创意正是来自土佐斗鸡火锅。当时东京日本桥某家餐厅的老板娘，看到有客人把生鲜蛋汁直接浇在留有鸡肉的斗鸡火锅内，再把半生不熟的蛋汁与鸡肉一起盛在热饭上，这才创出亲子丼这道盖饭。倘若坂本龙马多活 20 多年，应该也能吃到亲子丼。

「九州・沖縄」

（Kyuushuu · Okinawa）

福冈县（ふくおかけん / Fukuokaken）

人口约 510 万人

福冈县由“筑前”（Chikuzen）、“筑后”（Chikugo）和“丰前”（Buzen）三国组成，位于九州北部，三面环海，北临日本海，东滨濑户内海，西接九州规模最大的海湾有明海（Ariakekai）。福冈县是日本最接近朝鲜半岛、中国和东南亚地区的县，离东京有 1100 千米，但与韩国釜山之间的直线距离仅有 200 千米，搭高速船仅 3 个小时便可抵达；与上海之间的距离约 850 千米，比到东京还近。最北端的九州市与对面的山口县下关市之间隔着关门海峡（Kanmon-Kaikyou），这里有世界最早的海底隧道关门海峡隧道，全长约 3600 米，其中海底隧道占 1140 米。位于西部的县厅所在地福冈市（Fukuokashi）是九州地区经济、文化、交通中心，亦为九州地区规模最大的都市，自古以来便与东亚各国频繁进行文化交流或商业贸易。禅宗、茶叶、乌冬面、荞麦面和豆沙包等，发源地均是福冈市，连日本女学生的水手制服也源自福冈市。福冈市与中国广东省广州市是友好城市，与山东省青岛市则为经济交流城市。

乡土料理：

水炊鸡肉锅（水炊き / Mizutaki）、筑前煮（がめ煮 / Gameni）。

本地人气料理：

辛子明太子（Karashi-Mentaiko）。

“Mizutaki”是日本家庭冬季餐桌上最常见的火锅料理之一，做法很简单，主要食材是连皮带骨的鸡肉，蔬菜是大白菜、甘蓝、葱、菇类、春菊叶、蒟蒻丝等，基本上不加任何调味料，吃时蘸橙醋。福冈人多用当地的博多土鸡，其味道浓厚，肉质紧实，嚼头强劲。“Gameni”是方言，由于福冈县西部古名是“筑前”，所以九州地区以外的人通称这道料理为“筑前煮”（Chikuzenni）。“Gameni”的主要食材也是连皮带骨的鸡肉，以及芋头、香菇、牛蒡、莲藕、胡萝卜等根茎类，然后用酱油、

➢ 水炊鸡肉锅（水炊き／Mizutaki）

▶ 筑前煮（がめ煮／Gameni）

酒、味淋、砂糖红烧而成；但九州地区以外的“筑前煮”普遍都用不带骨头的鸡肉。

至于本地人气料理的“辛子明太子”在日本全国的超市很常见，它是将黄线狭鳕鱼卵用辣椒等调味料腌渍而成的。另有一种不辣的咸鱼卵，名为“鳕子”（Tarako）。这两种鱼卵都是日式饭团和茶泡饭中不可欠缺的食材，既可当下酒菜，也可以和意大利面条一起做成日式意大利面，面包店中也常见明太子法式长棍面包。

***

九州北部和中部气候温暖，是日本最早引进大陆国家文化的先进区。自古以来这里便有众多朝鲜半岛的移民，在江户时

➤ 辛子明太子（Karashi-Mentaiko）

代德川幕府施行锁国政策之前，九州地区私下贸易活动（现代用词是“走私”）极为兴盛。因此这一带人大多是思想开放的乐天派，人情味重，不过，个性也比较粗枝大叶。一般说来，日本在明治维新之前是地方自治式的藩国政策，每个藩都是半独立国，藩民（老百姓）受藩主政策影响很深，有时明明是同一县人，却因往昔的藩国或藩主政策不同而导致县民之间的气质差异很大，这种差异尤以九州地区为甚。

福冈县往昔是黑田（Kuroda）家统治的福冈藩，佐贺县是锅岛（Nabeshima）家支配的佐贺藩，熊本县是细川（Hosokawa）家管辖的熊本藩。此三藩藩主都是个性强烈的世家门第，也因此受其统治的老百姓气质亦截然不同。大分县和长崎县虽由许多小藩组成，但也因往昔各藩主施行的政策不同，老百姓气质亦明显有差异。我时常在网络上向读者传达，要理解日本这个大和民族的气质，必须先研究其历史背景，遗憾的是现代中文圈的年轻人似乎对现代日本的流行文化较感兴趣，对日本的历史背景知识则漠不关心。但在日本国内，出身于哪一国（藩国）是很重要的会话话题，可以借由此话题而打开话匣子，令生意洽谈或人际应酬进行的更顺利。

如前所述，三代都在东京土生土长的人可以自称“江户子”，横滨亦有“滨子”之称，北海道是“道产子”，九州地区则以福冈市的“博多子”（Hakatakko）最有名。虽然“博多”（Hakata）这一地名早已纳入福冈市的一部，变成博多区，但福冈市民乃至外县人仍习惯用“博多”通称福冈。“博多子”这一称呼在九州地区甚至日本国内亦是名牌出身地之一，即便不是生于福冈市的人，在县外也常自称为“博多子”，可见他们对自己的故乡极为引以为傲。大概因自尊心太强，他们很喜欢向外人夸耀自己的故乡，而且爱喝酒、爱出风头、爱热闹。尤其博多男大多是硬派男，他们对女性求爱时不会说“我爱你”或“我喜欢你”，而是用“让我上一次”这种直肠直肚（或说低俗）的方式求爱。其实博多男十分纯情，但他们就是嘴巴坏，可能正因为如此，才形成“大姐头”气质的博多女吧。

佐贺县（さがけん / Sagaken）

人口约 82 万人

佐贺县与长崎县古名合称“肥前”（Hizen），佐贺县夹在福冈县与长崎县之间，北临日本海，南滨有明海，县内森林面积占总面积 49%，耕地占 39%，主要产业是林业。佐贺自古以来便盛产陶瓷器，著名的是唐津烧（Karatsu-Yaki）、有田烧（Arita-Yaki）和伊万里烧（Imari-Yaki）。有田烧和伊万里烧类似，只是前者是限定在有田町制作的瓷器，后者范围比较广，指的是在肥前制作的所有瓷器。县内虽没有火山，但各地温泉很多；虽地震灾害较少，但台风、洪水之类的天灾较多。县厅所在地佐贺市（Sagashi）有许多公元 3 世纪至 7 世纪的古坟遗址，亦有不少关于徐福的传说，与中国江苏省连云港市是友好城市。

乡土料理：

呼子乌贼活造（呼子イカの活きづくり / Yobuko-Ika-no-Ikidukuri）、须古寿司（須古寿し / Sukozushi）。

呼子港（Yobukokou）位于佐贺县西北部最北端，是天然海湾良港。此地的渔夫用廉价的剑尖枪乌贼，在一分钟内做成生乌贼丝的料理“Yobuko-Ika-no-Ikidukuri”，即呼子乌贼活造。由于是现抓现做，不但保留了乌贼丝的透明感，更保留了乌贼

➤ 呼子乌贼活造（呼子イカの活きづくり／Yobuko-Ika-no-Ikidukuri）

本身的天然甜味，所以才称为“活造”（Ikidukuri）。须古寿司源自位于佐贺县中南部面临有明海的白石町（Shiroishichou）。这是传承了500年以上的乡土传统押寿司，其特色是在10厘米见方的寿司饭上放上事前已调味好的五颜六色的鱼肉、蔬菜碎末、鸡蛋丝等，这是白石町须古地区于祭典和喜宴时必定上桌的寿司料理。

* * *

曾三度入围诺贝尔文学奖的三岛由纪夫（Mishima-Yukio，1925—1970）跟佐贺县关系不浅。为什么？因为他深受《叶隐》（Hagakure）一书的影响，最后戏剧性地以日本传统的切腹自杀方式结束了他的一生。而《叶隐》的口述者山本常朝（Yamamoto-Jouchou，1659—1719）正是佐贺县锅岛藩藩士，《叶隐》则为武士道精神的原典，是一部武士修养书，亦为武士美学的哲学书，算是日本的“武士论语”。即便现代日本人，只要

➢ 须古寿司（須古寿し／Sukozushi）

一提到武士道，也会联想到这本难度超高的经典。

但佐贺后代到底怎么看这本书呢？他们可能会异口同声地说，“那是老古董思想”，“现在要是有人按书中说法去做，一定会被看成变态”。可怜的山本常朝，竟然被后代人视为变态。不过，无论佐贺县人如何否定，就外县人的视点来看，他们身上确实留有武士道美学的 DNA。佐贺县人生活质朴，存款额在九州地区居最高位，日本有句笑话：“只要佐贺县人走过的路，那条路连杂草都长不出来。”其意思是他们非常节俭，不相信的人可以看一看《佐贺的超级阿嬷》这本书。还好《佐贺的超级阿嬷》洗刷了 NHK 播放的电视剧《阿信》中的佐贺超级恶毒婆婆的形象。据说《阿信》播出时，由于佐贺婆婆的形象过于狠毒，引起许多佐贺武士后代向 NHK 的强烈抗议。

佐贺县虽和福冈县毗邻，但两县男女的个性差异很大。佐贺男瞧不起博多男，说他们言行轻浮不庄重；博多男则嫌佐贺男过于死脑筋。而佐贺女不管是真心或做排场，在外人面前绝对会力行男尊女卑的角色模式，这在“大姐头”气质的博多女眼中看来，等于是“扯女人后腿”的惺惺作态。其实佐贺男并非真是男尊女卑主义者，而是佐贺女生来就在“无论发生任何事，都必须给男人留面子”的家庭环境中成长，习惯成自然而已。

长崎县（ながさきけん / Nagasakiken）

人口约 133 万人

长崎县由“肥前”（Hizen）、“对马”（Tsushima）和“壹岐”（Iki）三国组成，位于九州西北部，除了东部紧邻佐贺县，三面都是大海，拥有 971 座岛屿，海岸线长 4137 千米，居日本第一。县内有 83 处港湾，奈良、平安时代的遣隋使、遣唐使均由壹岐、对马、五岛（Gotou）出发，自古以来便与朝鲜半岛、西欧、中国交流频繁，国际性很强。县厅长崎市（Nagasakishi）在日本锁国时期的江户时代，是唯一准许外国船舶进入日本的国际贸易港口城市，异国风情浓厚，有众多富有欧洲情调的建筑物。但由于市内坡道很多，马路狭窄，市民的主要交通工具是摩托车。与中国福州市是友好城市。

乡土料理：

卓袱料理（Shippoku-Ryouri）、具杂煮（具雜煮 / Guzouni）。

本地人气料理：

皿乌冬面（皿うどん / Sara-Udon）、杂烩面（ちゃんぽん / Chanpon）、佐世保汉堡（佐世保バーガー / Sasebo-Ba-Ga-）。

卓袱料理跟中国料理类似，在圆桌上摆上众多大盘菜，客人可以直接用筷子夹菜。但桌上的料理有中国菜、西洋菜、日本菜，因此别称“和华兰料理”（Wakaran-Ryouri，Wakaran 有“莫名其妙”之意），现在只能在料亭或婚宴上才享受得到，算是高级料理之一。“桌袱”语源不详，只知道“桌”是圆桌，“袱”是桌布，其发音“Shippoku”则为越南方言。“具杂煮”是岛原

➢ 卓袱料理（Shippoku-Ryouri）

➢ 具杂煮（具雑煮／Guzouni）

半岛（Shimabara-Hantou）的乡土料理，元旦、喜宴时经常上桌，里面除了麻薯，还有许多鱼肉和蔬菜。

本地人气料理的“皿乌冬面”和“Chanpon”（杂烩面）闻名全日本，“皿乌冬面”的名称虽是乌冬面，但其实是勾芡炒面；“Chanpon”则为什锦汤面。二者均为长崎市中国料理餐厅四海

➢ 皿乌冬面（皿うどん／Sara-Udon）

➢ 杂烩面（ちゃんぽん／Chanpon）

▶ 佐世保汉堡（佐世保バーガー／Sasebo-Ba-Ga-）

楼（Shikairou）的老板于明治时代中期特别做给中国留学生吃的创新料理。“佐世保汉堡”是佐世保市（Saseboshi）的手制汉堡包总称，现做现吃，与连锁快餐店麦当劳的汉堡包不同，每家味道都不一样。

***

长崎炒面和杂烩面虽然闻名全日本，但长崎另有一项历史悠久的甜点在日本更吃香，那就是长崎蛋糕。不过，长崎蛋糕是中国台湾地区对这种甜点的通称，倘若在日本说要买长崎蛋糕，绝对没人听得懂，而应该说成“Kasutera”。“Kasutera”原为西班牙北部一个古王国 Reino de Castilla 的名称，16 世纪末，葡萄牙传教士将这种甜点带进日本时，用葡萄牙发音称其为“Pao de Castele”（意为 Castilla 国的面包），日本人便学葡萄牙人的发音将其称为“Kasutera”，并沿用至今。

据说最初是一位长崎船匠自葡萄牙人那儿学会了制法，由于材料只须鸡蛋、面粉和砂糖，且制法简单，这位船匠便改行经营起长崎蛋糕店。创立于 1624 年，长崎最有名的 Kasutera

老店“福砂屋”（Fukusaya）正是这位船匠的子孙开设的铺子。“福砂屋”的商标和招牌均是象征幸福的蝙蝠，很好认。之后经过多次改良，才成为现今口感绵密、味道独特的长崎蛋糕。

“福砂屋”是长崎老店，可能仅限当地人或去过长崎的人才知道，而闻名全日本的长崎蛋糕铺子则是“文明堂”（Bunmeidou）。“文明堂”创立于1900年，东京于1914年举办大正博览会时，“文明堂”第一代老板曾亲自穿着日式礼服，头上戴着一顶写着Kasutera文宣的大型土耳其帽，在街头进行宣传，自此之后东京人才知道长崎蛋糕的存在。

长崎蛋糕在日本有众多种类，即便是“文明堂”的长崎蛋糕，味道也会因公司不同而有异。反正是甜点，各人口味不同，所以不一定非得买老铺子的长崎蛋糕才好吃。我通常买超市卖的那种廉价长崎蛋糕碎片，就是为了把长崎蛋糕切成整齐的长方形时留下的碎片，日文通称这类碎片为“耳”（Mimi）。虽然包装很简陋，常用塑料袋包成一大袋廉价售出，不过味道可一点儿也不比包装精美的长崎蛋糕逊色，反而因为是靠边的蛋糕，烤时令砂糖结晶化，吃起来更润口甜腻。

附带一提，长崎县民在九州地区算是思想最开化、最前卫的族群，他们不像一般日本人那般重视上下关系，因为自小就在男女平等的家庭环境中长大，所以毫无男尊女卑的观念，跟横滨非常类似。台球、保龄球、柏油路、赛艇、地方新闻等均从长崎引入日本。

大分县（おおいたけん / Ooitaken）

人口约 114 万人

大分县位于九州东部，县南部古名“丰后”（Bungo），温泉源泉数和涌出量均居日本第一，尤以面向别府湾（Beppuwan）的别府温泉，以及海拔 1584 米的活火山“由布岳”（Yufudake）一旁的由布院温泉（Yufuin-Onsen）最有名。总面积虽居日本全国第 22 位，但大半都是山地，而且瀑布、溪谷非常多，县内可居住地面积只占全县总面积 28%。中津市（Nakatsushi）的耶马溪（Yabakei）是国家指定名胜。县厅所在地大分市（Ooitashi）在战国时代是日本基督教的传教中心，与中国湖北省武汉市是友好城市，与广东省广州市则为交流促进城市。别府市（Beppushi）是国际观光文化都市，温泉源泉数多达 2800 余个，占日本总温泉源泉数的 10% 左右，每年有千万人以上的观光客，别称“泉都”（Sento）。

乡土料理：

鰤鱼温饭（ブリのあつめし / Buri-no-Atsumeshi）、芝麻乌冬面（ごまだしうどん / Gomadashi-Udon）、手延面汤（手延べだんご汁 / Tenobe-Dangojiru）。

“Buri-no-Atsumeshi”是佐伯市（Saikishi）渔夫料理鰤鱼温饭。其做法是先将鰤鱼生鱼片浸渍于事前用酱油、酒、砂糖、

➤ 鰤鱼温饭（ブリのあつめし／Buri-no-Atsumeshi）

醋等调好的调味料中，两三个小时后再将鰤鱼生鱼片盛于热饭上，最后撒些葱花、海苔丝、芝麻、姜丝、紫苏等，可拌饭吃，也可浇上热茶或汤汁当茶泡饭。“Gomadashi”是先将烤熟的狗母鱼磨碎，然后加酱油和芝麻做成调味料，之后将其盛在乌冬面上，最后浇上热汤。因芝麻调味料在夏季可保存一个星期，冬季可保存一个月，算是一种速成面。

“Dangojiru”在九州地区是著名的乡土料理，尤以大分县最有名，是一种用手撕成棒状再擀成面条的扁条面，所以称为“手延”（Tenobe）；汤头是味噌，有些地区用米粉，县内有各式各样的“Dangojiru”。

▶ 芝麻乌冬面（ごまだしうどん / Gomadashi-Udon）

▶ 手延面汤（手延べだんご汁 / Tenobe-Dangojiru）

＊＊＊

大分县人时常被外县人形容为“赤猫气质”，意思是狡猾、偏狭、小气、利己、不合群，简直跟不懂报恩的猫一样，而且是刺眼的红猫。当然这世上没有真正的红猫，故意说成红猫，是想强调猫那种令人捉摸不定的特性而已。但凡事都有两面，狡猾、偏狭、小气、利己、不合群，也可以解释为合理性、个人主义、直性子。总之，令人捉摸不定倒是事实。最鲜明的例子是战国时代统治大分县的战国大名大友宗麟（Ootomo-Sourin，1530—1587），原本是死忠的禅道信奉者，后来变成狂热的基督教徒。江户时代，大分县又分为八个小藩，各藩藩主政策都不同，彼此竞争得很激烈，明治维新后八藩合并成一个县，由此才会形成目前这种令人无法揣度的县民性。

不知是不是往昔分裂为八藩之因，大分县男女通常很内向、怕生，对恋爱也很消极。外县人想跟大分县人交流时，常会被他们待人冷淡、排外的第一关卡挡住，不过，我想，只要用对待猫的方式去应对，应该可以闯入他们的内心世界，让他们变成“黏人猫”。没养过猫或讨厌猫的人，最好不要把大分县人跟“热情的九州人”联系到一起，否则会发生无谓的误会，并于事后抱怨他们不近人情。

大分县往昔曾陷于人口外流、活力下降的苦恼，但 1980 年县知事提倡“一村一品”运动后，大分县人便发挥江户时代八藩彼此竞争的习性，创出许多闻名全日本的名牌特产，其中以香菇最有名，产量占日本全国的 34%。而且“一村一品”运动更发展至中国、韩国、菲律宾、马来西亚、印度尼西亚、蒙古国以及美国得克萨斯州和路易斯安那州等地，该运动的创始者——前任县知事平松守彦（Hiramatsu-Morihiko）不但获得有“亚洲诺贝尔奖”之称的“拉蒙·麦格赛赛奖”（Ramon Magsaysay Award），更荣获中国“改革开放三十年中国最有影响的海外专家”奖。平松守彦任职县知事共 6 期 24 年，为大分县做了很多事，是位难得的政治家。

熊本县（くまもとけん / Kumamotoken）

人口约 175 万人

熊本县古名“肥后”（Higo），位于九州中央，总面积居日本全国第 15 位，县内约六成是森林，离东京 1072 千米，搭飞机需 1 个小时 35 分钟，但离韩国首都首尔只有 631 千米，搭飞机需 1 个小时 25 分钟。东部有全世界最大的破火山口阿苏山（Asosan），西部面临有明海、八代海（Yatsushirokai），外海接东海，云仙天草（Unzenamakusa）国立公园则有 120 座岛屿。由于土地肥沃，熊本县是日本少数的农业县之一，番茄、西瓜、甘夏橙（Amanatsumikan）产量均居日本全国首位，用在榻榻米表面的灯芯草也几乎只限熊本县生产。县厅所在地熊本市（Kumamotoshi）有日本三名城之一的熊本城，夏目漱石、小泉八云、森鸥外均曾在熊本市住过。熊本市与中国广西壮族自治区桂林市是友好城市。

乡土料理：

生马肉片（馬刺し / Basashi）、甘薯甜点（いきなりだご / Ikinaridago）、辛子莲根（辛子蓮根 / Karashi-Renkon）。

本地人气料理：

太平燕（Taipien）。

提到熊本县的美食，一般日本人首先会联想到“Basashi”（生马肉片）。据说直至20世纪60年代为止，熊本县人吃的是煮熟的废弃军马马肉，自70年代起正式养育食用马，生马肉片饮食文化方始扎根。但现代日本的马肉几乎全是进口货，60%来自澳大利亚，其他国家分别为阿根廷、巴西、加拿大、美国。“Ikinaridago”是熊本方言，简单说来是一种甘薯甜点，将切成圆片的甘薯裹上面粉皮再蒸熟即可食用，现在通常在甘薯圆片上再加一层豆沙。本为“二战”后因粮食不足而成为熊本

▶ 生马肉片（馬刺し／Basashi）

➢ 甘薯甜点（いきなりだご／Ikinaridago）

县人的主食，之后演变为家庭传统点心，继而被选为乡土料理代表之一，漫画及动画《Keroro 军曹》中那个搞怪蓝星青蛙人 Keroro 正是很喜欢吃这个甘薯糕。

熊本县的“辛子莲根”也很有名，是具有 300 多年历史的传统食品。“莲根”（Renkon）即莲藕，“辛子”（Karashi）是芥末，做法是将芥末味噌塞进莲藕的空洞里，再裹上用面粉和姜黄粉混成的黄色面衣油炸而成。据说江户时代初期熊本藩初代藩主细川忠利（Hosokawa-Tadatoshi）虚弱多病，而熊本县盛产莲藕，于是禅僧玄宅（Gentaku）和尚推荐藩主多吃莲藕，但藩主吃不下水煮莲藕，玄宅和尚便创出外表看不出是莲藕的“辛子莲根”，而且莲藕的九个空洞与细川家家纹九曜纹类似，因此明治时代之前始终是细川家的秘传料理，明治时代以后，其制法才流传民间，成为熊本县名产之一。

▶ 辛子莲根（Karashi-Renkon）

本地人气料理的“太平燕”原为中国福建省福州的地方风味小吃燕皮馄饨，明治时代初期，前来熊本县定居的华侨因怀念故乡小吃而做。但熊本县的“太平燕”用的不是燕皮馄饨，而是粉丝，算是一种什锦粉丝汤面。这道小吃在外地很罕见，必须到熊本县才吃得到，亦是当地小学、中学营养午餐的常见食谱之一。

***

熊本县和鹿儿岛县均为火山国，一般日本人口中说的“九州男儿”（Kyuushuu-Danji）指的正是这两县人，他们给人的印象是直性子、热情勇猛、很能喝酒、朴质刚毅。熊本男和鹿儿岛男都很讨厌歪门邪道，亦不擅长耍手段，但熊本男要是跟鹿儿岛男吵起架来的话，先举白旗的必定是熊本男。因为熊本男比较急性

➤ 太平燕（Taipien）

子，没耐性花时间去说服别人，所以会爽快地举白旗认输。两县人的共通点是人情味浓厚、待人亲切、不轻易背叛亲朋好友，只是熊本男比较笨口拙舌，这一点确实输给既倔强又不肯认输的萨摩藩武士鹿儿岛男，也因此没加入明治维新革命活动。

在日本，鹿儿岛县是男尊女卑观念的总部，而且非常重视上下关系，只是鹿儿岛女很会操纵丈夫，就算表面看上去似乎被男人压得很委屈，其实手中掌握着家中实权。虽然熊本男也是男尊女卑观念的实践者，但近年来出现了经济、精神双方都独立自主的“新熊本女”，令熊本男有点手足无措。

熊本县没有地铁，上水道普及率也居日本全国末位，这是因为熊本县有许多名水，当地人喝的几乎全是天然地下水，大概因不想破坏这些美味的地下水，所以县内主要交通工具不是巴士便是有轨路面电车。此外，熊本县的灯芯草产量居日本全国首位，灯芯草栽培历史已有 500 余年，榻榻米市场占有率高达 78%，简单说来，日本住居的榻榻米几乎全来自熊本县。

县内虽有不少著名观光名所，但我想介绍另一处非常特殊的健身名所，那就是中部美里町（Misatomachi）的天台宗古刹释迦院（Shakain），正式名称是金海山（Kinkaizan）大恩教寺（Daionkyouji），有 1200 余年历史。但要抵达释迦院，必须爬一段全长约 2 千米，共 3333 级的石阶。这些石阶用的不仅是日本各地的名石，也用了许多来自中国、韩国、印度、俄罗斯、巴西、美国、南非等国家的花岗岩。出发点至顶上之间的标高差约 600 米，以成人男性的步伐计算的话，全程至少须花 90 分钟。特地来此寺院的游客，目的都是想挑战这段石阶，自认为有体力的人不妨试试。

宫崎县（みやざきけん / Miyazakiken）

人口约 107 万人

宫崎县古名“日向”（Hyuuga），位于熊本县右邻，南接鹿儿岛县，东临太平洋。县内将近八成是山地森林，从古名也可以看出当地日照时间长且雨量丰富。日本职棒、职足球队于每年春季都会前往宫崎县或冲绳县进行集训。此外，由于冲绳县和鹿儿岛县的海面均不适合冲浪，宫崎县就成为日本著名的冲浪水上运动胜地。县厅所在地宫崎市（Miyazakishi）与中国辽宁省葫芦岛市是友好城市，市中央有 107 千米长的一级河川大淀川（Ooyodogawa），著名旅游景点则为东南部海岸的青岛（Aoshima）。青岛周长 860 米，面积 4.4 公顷，海拔 6 米，那一带总称日南（Nichinan）海岸国定公园，有许多奇峰怪石、国家指定天然纪念物的野生马和五颜六色的珊瑚礁。

乡土料理：

炭火烤鸡（地鶏の炭火焼き / Jidori-no-Sumibiyaki）、冷汁（冷や汁 / Hiyajiru）。

本地人气料理：

鸡肉南蛮（チキン南蛮 / Chikin-Nanban）。

宫崎县的土鸡名为“宫崎地头鸡”（Miyazaki-Jitokko），母鸡由县厅管理，只提供雏鸡给指定的生产者，因此年产量不多。“Jidori-no-Sumibiyaki”的特色是用火炭把鸡肉烤至焦黑，吃时口中有火炭味，风味十足。“Hiyajiru”则为宫崎平原自古以来的家庭料理，汤头是将小干鱼或烤鱼磨碎，混入芝麻和味噌再度磨碎，之后均匀贴在擂钵内用火烤得有点焦，最后注入汤头，再放入切成圆片的黄瓜、紫苏丝，冷却后浇在热腾腾的白米饭或麦饭上。据说这道料理于14世纪中叶镰仓时代，曾经由僧侣广传日本各地，之后却只在宫崎扎根并流传至现代，很适合食欲不振的炎夏。

至于本地人气料理的“南蛮鸡”用的是嫩鸡肉，先裹上面粉、鸡蛋等面衣油炸，再将其浸于糖醋调味料内，现在通常浇上塔塔酱。这道料理的历史不久，20世纪60年代由延冈市（Nobeokashi）某家餐厅发明后，另一家餐厅又于70年代创出

➢ 炭火烤鸡（地鶏の炭火焼き／Jidori-no-Sumibiyaki）

▶ 冷汁（冷や汁 / Hiyajiru）

➤ 鸡肉南蛮（**チキン**南蛮／Chikin-Nanban）

浇上塔塔酱的吃法，目前这道料理则在日本全国各地便利商店均可买到。

＊＊＊

宫崎县男性大多开朗大方，逍遥自在，温柔体贴，比起“九州男儿”代表的熊本男与鹿儿岛男，他们看似缺乏男子气概，老是被鹿儿岛男讥笑是“日向痴呆”，意思是被阳光晒得软绵绵，不像个挺直刚毅的九州男儿。不过，宫崎男只是不虚张声势而已，并非真的没骨气，碰到危机时，会发挥外柔内刚的本性。女性亦很爽朗，行动积极，懂得如何拉着老实又嘴笨的“日向痴呆”丈夫往前走，因此宫崎县没有男尊女卑观念，反倒是女性比较泼辣。同样是九州男儿，个性为何有如此差异呢？这全是地理环境造成的。

鹿儿岛县土地贫瘠，长久以来只能种植杂粮，县民习惯了贫穷饥饿的生活，才会形成质朴刚毅的性情；而宫崎县土地肥沃，阳光雨水充足，只要躺着晒太阳就有饭吃，何况在过去的历史中，几乎从未与其他藩国打过仗，所以男性的个性纯朴温和，犹如软绵绵的棉花。在宫崎县人面前，最好直话直说，切忌拐弯抹角，也不用说些没用的客套话，我觉得跟这样的人交往比较轻松自在。根据我过去的经验，九州男儿确实很难应付，无论在酒席或请客人来家里吃饭，九州男儿通常坚持沉默是金的道理，至少我到今日为止从未碰到过一开口便嬉皮笑脸、滔滔不绝的九州男儿。

宫崎县的肉鸡产量，水果类的柑橘“日向夏”和金柑产量，都居日本全国第一，蔬菜类则是黄瓜、加工用芋头的出货量居全国第一，其他另有鲜花类的香豌豆花（Sweet pea）和日本烧酒的出货量也居第一。另一项著名产品是宫崎牛，在日本每隔五年举行一次的“和牛奥运会”竞赛中，宫崎牛连续三次获得肉牛最高奖项，并连续三年出现在美国奥斯卡金像奖颁奖典礼后的官方庆功宴的餐桌上。

鹿儿岛县（かごしまけん / Kagoshimaken）

人口约 160 万人

鹿儿岛县由“大隅”（Oosumi）和“萨摩”（Satsuma）两国合并而成，位于九州岛南端，拥有 600 多个岛屿，南北距离 600 千米，海岸线长达 2722 千米。岛屿包括著名的火枪传入地种子岛（Tanegashima）、世界自然遗产之一的屋久岛（Yakushima）、奄美（Amami）诸岛，以及活火山樱岛（Sakurajima）。县内温泉泉源数有 2700 多个，仅次于大分县，县内的公共澡堂几乎都是温泉。县厅所在地是鹿儿岛市（Kagoshimashi），在西岸市区可以遥望对面的樱岛，景观类似从意大利那不勒斯市远望维苏威火山时的景象，故有“东洋的那不勒斯”美誉，且两者为姊妹城市，那不勒斯市内有“鹿儿岛路”街道名，鹿儿岛市内亦有“那不勒斯路”街道名；与中国湖南省长沙市为友好城市。

乡土料理：

鸡饭（鶏飯 / Keihan）、银带鲱料理（きびなご料理 / Kibinago-Ryouri）、萨摩扬（つけあげ / Tsukeage）。

本地人气料理：

黑豚涮涮锅（黒豚のしゃぶしゃぶ / Kurobuta-no-Shabushabu）。

“鸡饭”是奄美大岛与冲绳县的乡土料理，类似茶泡饭，由于每个家庭自制的鸡汤味道均不一样，因此游客在当地可以尝到各式各样的鸡饭，亦为县内各小、中学常见的营养午餐之一。

➢ 鸡饭（鶏飯／Keihan）

➢ 银带鲱料理（きびなご料理／Kibinago-Ryouri）

➢ 萨摩扬（つけあげ／Tsukeage）

“Kibinago”是日本银带鲱，成鱼仅有 10 厘米左右，具有银白色纵带，寿命约半年至一年，据说在初春到初夏的产卵期，鱼群大批涌至沿岸时捕获的成鱼最好吃。制法多样，最有名的是排成菊花状的生鱼片“菊花造”。“Tsukeage”则是方言，就是一般日语中的“萨摩扬”（Satsumaage），这在日本是一种很常见的鱼浆油炸食品。

本地人气料理是“黑豚涮涮锅”，比起一般猪肉，鹿儿岛黑豚历史悠久，在 17 世纪初的战国时代便自琉球引进，当时被称为“会走路的蔬菜”。鹿儿岛黑豚筋纤维比一般猪肉细，而且肉质软，并含有丰富的氨基酸，吃起来有甜味，脂肪亦不腻，最适合涮涮锅。

▶ 黑豚涮涮锅（黑豚のしゃぶしゃぶ／Kurobuta-no-Shabushabu）

***

幕府末期的新选组（Shinsengumi）本为江户幕府第十四代将军德川家茂（Tokugawa-Iemochi，1846—1866）于1863年前往京都时，临时招募组成的护卫队。200多名队员均为失去主君流落乡野的流浪武士，抵达京都后，住在壬生，因此最初名为“壬生浪士”（Miburoushi）组，后来才重整为新选组。初代局长是芹泽鸭（Serizawa-Kamo，1827—1863），因内部斗争被暗杀后，由近藤勇（Kondou-Isami，1834—1868）继任局长。

根据1865年编成的队员名册，当时由近藤勇局长率领的新选组成员总计134名，驻扎地自壬生迁移至西本愿寺。100多名年轻力壮的队员杂居一处，无论饭菜还是居住环境均极为脏乱，传染病蔓延，队员中有1/3是病人。近藤勇请了当时任职幕府西洋医学所总管的松本良顺（Matsumoto-Ryoujun，1832—1907）前来指导健康卫生管理知识。

松本良顺把病人集中到一处让医师治疗看护，并提议利用厨余饲养食用猪给队员吃以增强体力，另外又建议养鸡，让队员们多吃鸡蛋。以现代人眼光来看，此建议极为合理，但当时的日本仍深受实施千年以上的肉食禁令影响，虽然市面上已有暗地贩卖兽肉的小贩，不过老百姓仍维持着偷吃兽肉时必须用纸、布遮住神龛的习惯。

近藤勇当然接受了建议，不但命队员们养猪、养鸡，更时常让队员们吃猪肉火锅或猪肉味噌汤。新选组队员发明的鸡蛋料理中有一道名为“软绵绵鸡蛋”料理，简单说来，就是现代的蒸鸡蛋羹或煎蛋卷。至于近藤勇本人，因是“江户子”，据说至死都吃不惯京都菜。东京菜和京都菜调味差异很大，例如味噌汤，京都味噌对关东人来说，甜得难以入口。连最基本的饭团形状也不一样，关东人习惯吃圆形或三角形饭团，大阪、京都的饭团则为椭圆形。不过，近藤勇很喜欢吃京都甜点和泡菜，似乎只有这两样合他的口味。

冲绳县（おきなわけん / Okinawaken）

人口约 145 万人

冲绳县古名“琉球”（Ryuukyuu），由 49 个有人岛和无数个无人岛组成，东临太平洋，西濒东海，第二次世界大战后被美国占领，至 1972 年归还日本。县内大部分地区是亚热带气候，南部几个岛屿则为热带气候。此外，县内世界文化遗产并非只限琉球王国的首里城（Shurijou），还包括其他四处古城城址和遗迹，总计 9 个据点，散见于冲绳岛南、中、北部。每年有 50 多万名观光客，观光客中有 75% 来自中国台湾省。县厅所在地那霸市（Nahashi）为东亚、东南亚与日本之间的连接点，其 1000 千米圈内有台北、福冈、上海、福州，1500 千米圈内更包括了大阪、首尔、马尼拉、中国香港；与中国福建省福州市为友好城市。

乡土料理：

冲绳汤面（沖縄そば / Okinawa-Soba）、苦瓜炒豆腐（ゴーヤーチャンプルー / Go-Ya-Chanpuru-）、乌贼墨汁汤（いかすみ汁 / Ikasumijiru）。

“Okinawa-Soba”是冲绳汤面，原料是面粉，面条煮熟后再用油搅拌以增强保鲜性，口感跟台湾的牛肉面面条类似，不过比牛肉面面条更具嚼头，汤头也跟牛肉面完全不同，是以柴鱼、昆布为主的和风汤头；另一种是猪骨汤头，配料通常是

▶ 冲绳汤面（沖縄そば / Okinawa-Soba）

▶ 苦瓜炒豆腐（ゴーヤーチャンプル - / Go-Ya-Chanpuru-）

红烧排骨。“Go-Ya-”和“Chanpuru-”均是方言，前者指绿苦瓜，后者是什锦炒之意；简单说来便是苦瓜炒豆腐，是冲绳县传统家庭料理。“Ikasumijiru”是乌贼墨汁汤，主要材料是软丝、拟乌贼（学名：Sepioteuthis Lessoniana），日语称“白乌贼”（Shiroika），是一种栖息在沿海海域的大型乌贼；做法是用柴鱼汤把拟乌贼和猪肉煮成乌黑汤汁，据说往昔用来当药材，对上火、肩膀酸痛、产后均有效，尤其对女性产后的健康极为有益。

***

众所皆知，日本是世界长寿国，女性平均寿命更是连续 24 年高居全球第一（2009 年调查报告）。就日本人与中国人来比

➤ 冲绳苦瓜（沖縄ゴーヤー／Okinawa-Go-Ya-）

➤ 乌贼墨汁汤（いかすみ汁／Ikasumijiru）

➢ 乌贼墨汁汤（いかすみ汁 / Ikasumijiru）

较的话，日本人的平均寿命比中国人多 10 岁左右。WHO 曾做过世界各国饮食与健康调查统计，得出平日习惯吃乳制品、喝牛奶的地区的人，平均寿命较长的结果。目前全世界平均寿命最长的国家是日本，但日本国内最长寿的地区是冲绳县（截至 2005 年为止），他们习惯吃乳制品或每天喝牛奶吗？根据统计，在日本 47 个都道府县中，乳制品消费最多的地区是栃木县，可栃木县人的男女平均寿命排行竟是倒数。作为长寿县的冲绳人，乳制品和牛奶消费额排行均为日本全国倒数第二位，可见乳制品和牛奶并非长寿的决定性因素。除了冲绳县（女性），日本另一个长寿地区是长野县（男性），但在日本所有关于饮食习惯的调查统计中，却找不出这两县消费排行全国第一的食品。换句话说，长野县人和冲绳县人每天吃的可能都是营养均衡的家乡菜。

每 10 万人口中，冲绳县百岁以上的人口比率占 67.44%，连续 37 年均为日本国内长寿县第一名，百岁以上的长寿者总计 928 人，其中女性居多，有 821 人，最高龄是 114 岁，男性仅有 107 人（以上数字均为 2009 年 9 月统计）。冲绳县男性的平均寿命在日本并不高，排行第 20 多位。我本来以为这些长寿者可能都住在离岛或远离都市区的地方，不料这 900 多人中竟有 169 人住在那霸市，住在离岛地区的人反而较少。

冲绳县是南国，一般人对南国人的印象是乐天派，个性开朗，有话直说，不矫揉造作，但冲绳县与其他南国地区不一样。冲绳县人基于过往经常受外族人侵略统治的历史背景，对外族人戒心很强，同族意识极为浓厚。不过，只要融入他们的族群，他们就会视你为自己人，现出南国人的本性。失业率居日本全国第一，但改行跳槽率竟居末位，简单说来，冲绳县人即便失业，也不会离开故乡前往外县找工作。另一点很有趣，冲绳县人的离婚率是日本全国第一，连续十余年均居首位，其次是大阪、北海道，这似乎跟女性县民性有关。北海道女性具有开拓精神，男女平等意识非常强；大阪女性也多为行动派，经济观念发达；而冲绳县女性于婚后也不会怀着嫁鸡随鸡、嫁狗随狗的观念，她们跟娘家的关系非常密切（同族意识）。换句话说，此三县的女性均很乐观，而且具有独立精神与经济能力，因此当她们于婚后若发现嫁错了人，便会来个快刀斩乱麻，把丈夫给休掉。

百选乡土料理中日文对照表

北海道		
ジンギスカン	Jingisukan	成吉思汗烤肉，即羊肉烧
石狩鍋／いしかりなべ	Ishikarinabe	鲑鱼料理
ちゃんちゃん焼き／ちゃんちゃんやき	Chanchanyaki	铁板鲑鱼料理

东北地方		
青森县		
いちご煮／いちごに	Ichigoni	海胆鲍鱼清汤
せんべい汁／せんべいじる	Senbeijiru	煎饼汁，火锅的一种
岩手县		
わんこそば	Wanko-Soba	一口荞麦面
ひっつみ	Hittsumi	米果汁，面粉和水撕成块状煮成的“水团”
宫城县		
ずんだ餅／ずんだ	Zundamochi	毛豆裹年糕的甜点
はらこ飯／はらこめし	Harakomeshi	鲑鱼的亲子丼
福岛县		
こづゆ	Koduyu	以干贝为汤头，加入胡萝卜、芋头、蒟蒻、木耳、银杏、豆腐等食材的汤汁料理
にしんの山椒漬け／にしんのさんしょうづけ	Nishin-no-Sanshouduke	山椒腌鲱鱼
秋田县		
きりたんぽ鍋／きりたんぽなべ	Kiritanpo-Nabe	米棒锅，烤饭团火锅
稲庭うどん／いなにわうどん	Inaniwa-Udon	稻庭乌冬面
山形县		
芋煮／いもい	Imoni	芋头、蒟蒻、葱、牛肉煮成“寿喜烧”（Sukiyaki）风味的火锅

どんがら汁／どんがらじる	Dongarajiru	味噌口味的鱼火锅

关东地方

栃木县		
しもつかれ	Shimotsukare	杂烩：咸鲑鱼鱼头、炒熟的黄豆、萝卜泥、胡萝卜，用酒糟调味的混合料理
ちたけそば	Chitake-Soba	乳茸荞麦面
茨城县		
あんこう料理／あんこうりょうり	Ankou-Ryouri	鮟鱇料理
そぼろ納豆／そぼろなっとう	Soboro-Nattou	切碎的纳豆和干萝卜丝搅拌在一起，再用酱油调味
群马县		
おっきりこみ	Okkirikomi	将烩面与根菜类、芋头煮成浓稠汤头
生芋こんにゃく料理／なまいもこんやくりょうり	Namaimo-KonNyaku-Ryouri	直接用地下球茎制成的蒟蒻料理
埼玉县		
冷汁うどん／ひやしるうどん	Hiyashiru-Udon	凉乌冬面
いが饅頭／いがまんじゅう	Iga-Manjuu	外层裹红豆饭的豆沙包甜点
千叶县		
太巻き寿司／ふとまきずし	Futomakizushi	用各种配料卷成花草、动物、文字、鸟类等模样的寿司
イワシのごま漬け／いわしのごまづけ	Iwashi-no-Gomaduke	盐腌沙丁鱼
东京都		
深川丼／ふかがわどん	Fukagawadon	用蛤仔、文蛤等贝类，加入油豆腐、葱、胡萝卜等蔬菜煮成味噌汤后，直接浇在白米饭上的盖饭
くさや	Kusaya	鱼干

神奈川县		
へらへら団子／へらへらだんご	Herahera-Dango	将面粉和糯米粉混合做成扁丸子，再蘸上红豆泥的甜点
かんこ焼き／かんこやき	Kankoyaki	用面粉皮裹山菜、菇类、栗子煎成的圆饼

中部地方		
新潟县		
のっぺい汁／のっぺいじる	Noppeijiru	芋头、胡萝卜、牛蒡、莲藕、香菇、银杏、蒟蒻，再加鸡肉或海鲜煮成的浓汤
笹寿司／ささずし	Sasazushi	用竹叶裹成的寿司
长野县		
信州そば／しんしゅうそば	Shinshuu-Soba	信州荞麦面
おやき／おやき	Oyaki	与高丽菜水煎包相似的圆形煎包
山梨县		
ほうとう	Houtou	烩乌冬面
吉田うどん／よしだうどん	Yoshida-Udon	吉田乌冬面
静冈县		
桜えびのかき揚げ／さくらえびのかきあげ	Sakuraebi-no-Kakiage	樱虾天麸罗
うなぎの蒲焼き／うなぎのかばやき	Unagi-no-Kabayaki	鳗鱼蒲烧
爱知县		
ひつまぶし	Hitsumabushi	鳗鱼蒲烧切碎盛在白米饭上
味噌煮込みうどん／みそにこみうどん	Miso-Nikomi-Udon	味噌乌冬面
富山县		
鱒寿司／ますずし	Masuzushi	鳟鱼做的押寿司
ぶり大根／ぶりだいこん	Buri-Daikon	冬鰤鱼头、鱼骨和萝卜，用酱油、味淋等红烧而成
岐阜县		
栗きんとん／くりきんとん	Kuri-Kinton	和果子的一种

朴葉味噌／ほおばみそ	Hooba-Miso	在干燥的木兰科日本厚朴叶上盛味噌，加入葱、香菇或其他山菜，用炭火烤后拌饭吃
石川县		
カブラ寿司／かぶらずし	Kaburazushi	把盐腌芜菁做成割包形状，再夹入咸冬鰤鱼片，并放进加入胡萝卜丝、昆布丝、米曲的容器内腌渍
治部煮／じぶに	Jibuni	鸡肉、香菇、面筋、青菜、笋、莲藕，用日式高汤加酱油、砂糖、酒、味淋煮成汤汁
福井县		
越前おろしそば／えちぜんおろしそば	Echizen-Oroshisoba	在荞麦面上添加萝卜泥、柴鱼片、葱，再浇上调味汁的凉面
さばのへしこ	Saba-no-Heshiko	将去掉头尾、内脏的盐腌鲭鱼再度以米糠腌渍

近畿地方		
滋贺县		
鮒寿司／ふんずし	Funazushi	腌鲫鱼做的寿司
鴨鍋／かもなべ	Kamonabe	野鸭火锅
三重县		
伊勢うどん／いせうどん	Ise-Udon	伊势乌冬面
手こね寿司／てこねずし	Tekonezushi	海鲜散寿司或海鲜盖饭
京都府		
京漬物／きょつけもの	Kyo-Tsukemono	京都传统泡菜
賀茂なすの田楽／かもなすのでんがく	Kamonasu-no-Dengaku	将既圆又厚的贺茂茄子横切为半，用文火慢慢煎熟，再盛上甜味噌
大阪府		
箱寿司／はこずし	Hakozushi	用木框装醋饭，上层盛鲜鱼、星鳗、鲷鱼、虾等，压成四角长方形
白みそ雑煮／しろみそぞうに	Shiromiso-Zouni	白味噌汤

兵库县		
牡丹鍋／ぼたんなべ	Botannabe	山猪肉火锅
いかなごのくぎ煮／いかなごのくぎに	Ikanago-no-Kugini	将三四厘米长的鱼苗用酱油、味淋、砂糖、姜等红烧
奈良县		
柿の葉寿司／かきのはずし	Kakinohazushi	柿叶包裹咸青花鱼或鲑鱼的寿司
三輪素麺／みわそうめん	Miwa-Soumen	冷热皆宜的素面
和歌山县		
鯨の竜田揚げ／くじらのたつたあげ	Kujira-no-Tatsutaage	炸鲸鱼肉
めはり寿司／めはりずし	Meharizushi	咸大芥菜包裹白米饭的饭团

中国地方

鸟取县		
かに汁／かにじる	Kanijiru	深海雪蟹味噌汤
あごのやき	Ago-no-Yaki	飞鱼竹轮
岛根县		
出雲そば／いずもそば	Izumo-Soba	出云荞麦面
しじみ汁／しじみじる	Shijimijiru	蚬贝汤
冈山县		
岡山ばら寿司／おかやまばらずし	Okayamaba-razushi	在醋饭盛上许多海鲜时蔬，类似散寿司
ままかり寿司／ままかりずし	Mamakarizushi	用寿南小沙丁鱼做成的握寿司
广岛县		
牡蠣の土手鍋／かきのどてなべ	Kaki-no-Dotenabe	先在砂锅内侧涂上一层味噌，锅内放牡蛎、豆腐、蔬菜，煮熟后准备吃时再搅拌锅内的味噌调味
あなご飯／あなごめし	Anago-Meshi	星康吉鳗盖饭
山口县		
河豚料理／ふぐりょうり	Fugu-Ryouri	用河豚做的各式料理
岩国寿司／いわくにずし	Iwakunizushi	押寿司中最华丽的一种

四国		
德岛县		
蕎麥米雑炊／そばごめぞうしゅい	Sobagome-Zousui	荞麦粒稀饭
ぼうぜの姿寿司／ぼうぜのすがたずし	Bouze-no-Sugatazushi	刺鲳鱼寿司
香川县		
讃岐うどん／さぬきうどん	Sanuki-Udon	赞岐乌冬面
あんもち雑煮／あんもちぞうに	Anmochi-Zouni	调料是白味噌，配料是胡萝卜、白萝卜，中央放个甜豆沙麻薯的元旦汤汁
爱媛县		
宇和島鯛めし／うわじまたいめし	Uwajima-Taimeshi	鲷鱼饭
じゃこ天／じゃこてん	Jakoten	杂鱼天麸罗
高知县		
かつおのたたき	Katsuo-no-Tataki	半生鱼片料理
皿鉢料理／さわちりょうり	Sawachi-Ryouri	用直径 40 厘米以上的大盘子，各自盛生鱼片、红烧料理、寿司、水果、甜点，让客人自己夹取到小盘子内

九州・冲绳		
福冈县		
水炊き／みずたき	Mizutaki	连皮带骨的鸡肉与蔬菜熬煮成的鸡肉火锅
がめ煮／がめに	Gameni	连皮带骨的鸡肉，和根茎类蔬菜一起红烧
佐贺县		
呼子イカの活きづくり／よぶこいかのいきづくり	Yobuko-Ika-no-Ikidukuri	生乌贼丝的料理
須古寿し／すこずし	Sukozushi	传统押寿司

长崎县		
卓袱料理/しっぽくりょうり	Shippoku-Ryouri	在圆桌上摆上很多大盘菜，客人可以直接用筷子夹菜
具雑煮/ぐぞうに	Guzouni	有麻薯的火锅料理
大分县		
ブリのあつめし	Buri-no-Atsumeshi	鰤鱼温饭
ごまだしうどん	Gomadashi-Udon	将烤熟的狗母鱼磨碎，加酱油和芝麻做成调味料，之后盛在乌冬面上并浇上热汤
手延べだんご汁/てのべだんごじる	Tenobe-Dangojiru	用手撕成棒状再擀成面条的扁条面，汤头是味噌口味
熊本县		
馬刺し/ばさし	Basashi	生马肉片
いきなりだご	Ikinaridago	甘薯甜点
辛子蓮根/からしれんこん	Karashi-Renkon	将芥末味噌塞进莲藕空洞中，再裹上用面粉和姜黄粉混合而成的黄色面衣油炸而成
宫崎县		
地鶏の炭火焼き/じどりのすみびやき	Jidori-no-Sumibiyaki	烤土鸡肉
冷や汁/ひやじる	Hiyajiru	小鱼干与味噌熬煮的汤头冷却后浇入白米饭或麦饭
鹿儿岛县		
鶏飯/けいはん	Keihan	以鸡汤为底的茶泡饭
きびなご料理/きびなごりょうり	Kibinago-Ryouri	日本银带鲱料理
つけあげ	Tsukeage	鱼浆油炸食品
冲绳县		
沖縄そば/おきなわそば	Okinawa-Soba	冲绳汤面
ゴーヤーチャンプルー	Go-Ya-Chanpuru-	苦瓜炒豆腐
いかすみ汁/いかすみじる	Ikasumijiru	用柴鱼汤把拟乌贼和猪肉煮成的乌黑汤汁